अयोध्या मानस रामलीला

मंचन स्क्रिप्ट

अयोध्या प्रसाद

राम जी की बात

कुछ घटनाओं का चमत्कार के रूप में होना तय होता है। ये भी ऐसी ही घटना थी जो मेरे जीवन के आधे बसंत बीत जाने के बाद घटित होनी थी। ईश्वर ने लेखनी पकड़ा कर, बचपन की डायरी से जवानी की पुस्तकों तक, जो भी लिखवाया उसके बाद पिछले कुछ वर्षों में एक ठहराव आ गया था।

मेरे लिए जांबवंत की भूमिका निभाने वाले सखा निर्मल जी गहलोत मुझे लगभग दो साल से रामायण पर आधारित स्क्रिप्ट लिखने का कह रहे थे। मैं गोविंददेव जी मंदिर के गलियारों में टहलता या केदारनाथ की शरण में सुख पाता, शोध के नाम पर कई ग्रंथ-पुस्तकें पढ़ चुका था। नोट्स भी बनाता जा रहा था लेकिन स्क्रिप्ट की शुरुआत करने में भी हिचक रहा था। लगता था कि राम जी उस सूर्य के समान हैं, जिनके नजदीक जाने की पात्रता अगर मुझमें नहीं है तो उनके पास जाना, यानी अपने आप को जला देना होगा!

अधिक दिमाग लगाए बिना, मैं इस कार्य को राम जी के भरोसे छोड़ चुका था। भरोसा पूरा था कि अगर माँ ने मुझे अयोध्या प्रसाद नाम दिया है तो इस नाम में इतना तो चुम्बकत्व होगा कि राम जी की कृपा को मुझ तक पहुँचा सके। ये मेरा खुद पर नहीं, 'अयोध्या' नाम पर भरोसा था। मुझसे पूछा जाता कि स्क्रिप्ट लेखन कार्य में क्या प्रगति है? मेरा उत्तर

होता- "जी, कार्य चल रहा है।" मन ही मन, भगवान को इस उत्तर के बारे में अपडेट कर देता कि भाई, मैंने तो कह दिया है। अब आप ही जानो कि कैसा लेखन कार्य चल रहा है।

मेरे आलस्य भरे हठ के कारण या फिर, मेरी दीनता के कारण... प्रभु को कुछ तो चमत्कार दिखाना ही था। पिछले साल दिवाली के ठीक बाद एक अनूठा क्रम शुरू हुआ। ब्रह्म मुहूर्त में मुझे नींद से जगाने का। मैंने अलार्म लगा कर सोना बंद किया, तो भी मुझे हर दिन, बिना किसी छूट के चार से पांच बजे के बीच कोई अदृश्य शक्ति जगाती। और ऐसा जगाती, कि मुझे लिखने के स्थान पर बैठना ही होता। ऐसा लगा, जैसे रामजी कान पकड़ कर स्नेह बरसा रहे हैं। जैसे कि कहा जा रहा हो- "बहुत हुयी मस्ती, अब काम पर लगो!"

अपनी नौकरी के सिलसिले में होने वाली यात्राओं के बीच ना जाने कितने ही ऐसे क्षण आये, जब मैं हरि इच्छा के प्रति कृतज्ञ हो भावुक हो चला। ईश्वर ने क्या इसी यात्रा के लिए, मुझे अयोध्या नाम का वरदान दिया था? इस रहस्य को डिकोड करना क्या अब भी बाकी है? आगे क्या-क्या होने वाला है? इन सभी प्रश्नों के बीच सुखद सृजन यात्रा से रूबरू होते हुए ये स्क्रिप्ट मानो पलक झपकते पूरी करवा दी गई।

आज, एक वैसी ही ब्रह्म मुहूर्त वाली प्रक्रिया में ये शब्द अंकित करते हुए कहना चाहता हूँ कि यात्रा अभी जारी है। ये एक सुखद पड़ाव है। शब्द मेरे लिए ब्रह्म बन कर आगे की यात्रा के सेतु तैयार करते जा रहे हैं। जल्दी ही कुछ और पड़ाव आपसे साझा किये जायेंगे।

जय श्री राम!

अयोध्या प्रसाद

मकर संक्रांति, 2023

लीला प्रवाह

1. बाल लीला 16

2. विवाह लीला 23

3. वन लीला 40

4. विरह लीला 69

5. विजय लीला 87

पात्र परिचय (कथा में प्रवेश के क्रम में)

अंतरिक्ष - सूत्रधार (बैकग्राउंड में सिर्फ आवाज़)

विष्णु - स्वर आकाशवाणी के माध्यम से

दशरथ - अयोध्या के राजा

कौशल्या - अयोध्या की महारानी

कैकेयी - अयोध्या की रानी

सुमित्रा - अयोध्या की रानी

मुनि वशिष्ठ - अयोध्या के राजगुरु

श्रृंगी - ऋषि

बालक राम

बालक भरत

बालक लक्ष्मण

बालक शत्रुघ्न

महामुनि विश्वामित्र - तपस्वी

ताड़का - राक्षसी

मारीच - राक्षस

सुबाहु - राक्षस

किशोर राम

किशोर लक्ष्मण

अहिल्या - गौतम ऋषि की पत्नी

जनक - मिथिला नरेश

युवती1 - मिथिला की नागरिक

युवती2 - मिथिला की नागरिक

युवती3 - मिथिला की नागरिक

सीता - मिथिला राजकुमारी

सखी1 - सीता की संगिनी

सखी2 - सीता की संगिनी

युवा राम

युवा लक्ष्मण

युवा भरत

युवा शत्रुघ्न

भाट - राजा जनक दरबार के उद्घोषक

विभिन्न राजा - सीता स्वयंवर के प्रतिभागी

परशुराम - विष्णु जी के छठे अवतार

माण्डवी - भरत की पत्नी

उर्मिला - लक्ष्मण की पत्नी

श्रुतकीर्ति - शत्रुघ्न की पत्नी

देवता प्रतिनिधि

सरस्वती

मंथरा - कैकेयी की सहचरी

सुमंत्र - दशरथ के मंत्री

अयोध्यावासी

निषादराज - श्रृंगवेरपुर वनक्षेत्र का मुखिया

केवट - नाविक

मुनि वाल्मीकि

अयोध्या दूत

अयोध्या मंत्रीगण

निषाद के वनचर

वनचर1

वनचर2

साधु समुदाय

शूर्पणखा - वनक्षेत्र की स्वामिनी/ रावण की बहिन

खर और दूषण - राक्षस

रावण - लंकाधिपति/ राक्षसराज

नर्तकियां

मारीच - ताड़का पुत्र

रावण का ब्राह्मण/सन्यासी रूप

जटायु - गिद्धराज

शबरी - वनचरी

सुग्रीव - वानरराज

हनुमान – रामभक्त, पवनपुत्र

बालि - सुग्रीव का भाई

अंगद - बालि का पुत्र

वानर समूह

नल और नील- वानर शिल्पकार

जांबवंत

सम्पाती - जटायु का भाई

सुरसा - जलचरी

विभीषण - रावण का भाई

मंदोदरी - लंका की महारानी

त्रिजटा - अशोक वाटिका रक्षिका

अशोक वाटिका रक्षक 1

अशोक वाटिका रक्षक 2

अक्ष कुमार - रावण पुत्र

मेघनाद - रावण पुत्र

रावण के मंत्रीगण

रावण दरबार के प्रहरी

माल्यवंत - रावण का मंत्री /नाना

समुद्र मनुष्य रूप

अकंपन और अतिकाय- रावण के सेना नायक

सुषेण - वैद्य

कुम्भकर्ण - रावण का भाई

वेदपाठी ब्राह्मण

(मंच पार्श्व में स्क्रीन पर धर्म ध्वजा आकाश में उन्मुक्त लहरा रही है। शंख की मनोहारी ध्वनि से वातावरण गूंज उठता है। सामूहिक गान के रूप में हनुमान चालीसा आरम्भ होती है। तेज गति, संगीतमय... जिसके साथ कोरस का नृत्य होता है।)

गान - (सामूहिक स्वर)

श्रीगुरु चरन सरोज रज, निज मनु मुकुरु सुधारि।
बरनऊं रघुबर बिमल जसु, जो दायकु फल चारि॥

बुद्धिहीन तनु जानिके, सुमिरौं पवन-कुमार।
बल बुद्धि बिद्या देहु मोहि, हरहु कलेस बिकार॥

जय हनुमान ज्ञान गुन सागर। जय कपीस तिहुं लोक उजागर॥
रामदूत अतुलित बल धामा। अंजनि-पुत्र पवनसुत नामा॥

महाबीर बिक्रम बजरंगी। कुमति निवार सुमति के संगी॥
कंचन बरन बिराज सुबेसा। कानन कुंडल कुंचित केसा॥

हाथ बज्र औ ध्वजा बिराजै। कांधे मूंज जनेऊ साजै॥
संकर सुवन केसरीनंदन। तेज प्रताप महा जग बन्दन॥

विद्यावान गुनी अति चातुरा। राम काज करिबे को आतुरा॥
प्रभु चरित्र सुनिबे को रसिया। राम लखन सीता मन बसिया॥

सूक्ष्म रूप धरि सियहिं दिखावा। बिकट रूप धरि लंक जरावा॥
भीम रूप धरि असुर संहोरे। रामचंद्र के काज संवोरे॥

11

लाय सजीवन लखन जियाये। श्रीरघुबीर हरषि उर लाये॥

रघुपति कीन्ही बहुत बड़ाई। तुम मम प्रिय भरतहि सम भाई॥

सहस बदन तुम्हरो जस गावैं। अस कहि श्रीपति कंठ लगावैं॥

सनकादिक ब्रह्मादि मुनीसा। नारद सारद सहित अहीसा॥

जम कुबेर दिगपाल जहां ते। कबि कोबिद कहि सके कहां ते॥

तुम उपकार सुग्रीवहिं कीन्हा। राम मिलाय राज पद दीन्हा॥

तुम्हरो मंत्र बिभीषन माना। लंकेस्वर भए सब जग जाना॥

जुग सहस्त्र जोजन पर भानू। लील्यो ताहि मधुर फल जानू॥

प्रभु मुद्रिका मेलि मुख माहीं। जलधि लांघि गये अचरज नाहीं॥

दुर्गम काज जगत के जेते। सुगम अनुग्रह तुम्हरे तेते॥

राम दुआरे तुम रखवारे। होत न आज्ञा बिनु पैसारे॥

सब सुख लहै तुम्हारी सरना। तुम रक्षक काहू को डर ना॥

आपन तेज सम्हारो आपै। तीनों लोक हांक तें कांपै॥

भूत पिसाच निकट नहिं आवै। महाबीर जब नाम सुनावै॥

नासै रोग हरै सब पीरा। जपत निरंतर हनुमत बीरा॥

संकट तें हनुमान छुड़ावै। मन क्रम बचन ध्यान जो लावै॥

सब पर राम तपस्वी राजा। तिन के काज सकल तुम साजा॥

और मनोरथ जो कोई लावै। सोइ अमित जीवन फल पावै॥

चारों जुग परताप तुम्हारा। है परसिद्ध जगत उजियारा॥

साधु-संत के तुम रखवारे। असुर निकंदन राम दुलारे॥

अष्ट सिद्धि नौ निधि के दाता। अस बर दीन जानकी माता॥

राम रसायन तुम्हरे पासा। सदा रहो रघुपति के दासा॥

तुम्हरे भजन राम को पावै। जनम-जनम के दुख बिसरावै॥

अन्तकाल रघुबर पुर जाई। जहां जन्म हरि-भक्त कहाई॥

और देवता चित्त न धरई। हनुमत सेइ सर्ब सुख करई॥

संकट कटै मिटै सब पीरा। जो सुमिरै हनुमत बलबीरा॥

जै जै जै हनुमान गोसाई। कृपा करहु गुरुदेव की नाई॥

जो सत बार पाठ कर कोई। छूटहि बंदि महा सुख होई॥

जो यह पढ़ै हनुमान चालीसा। होय सिद्धि साखी गौरीसा॥

तुलसीदास सदा हरि चेरा। कीजै नाथ हृदय मंह डेरा॥

पवन तनय संकट हरन मंगल मूरति रूप।

राम लखन सीता सहित हृदय बसहु सुर भूप॥

(हनुमान चालीसा समाप्त होते-होते कोरस मंच छोड़ देता है। एक लम्बी ओंकार की ध्वनि के साथ समूह स्वर में शांति पाठ गूंजता है। फिर सूत्रधार का स्वर उभरता है। सूत्रधार का स्वर भारी और गरिमामय है।)

ॐ द्यौः शान्तिरन्तरिक्षं शान्तिः
पृथिवी शान्तिरापः शान्तिरोषधयः शान्तिः।
वनस्पतयः शान्तिर्विश्वेदेवाः शान्तिर्ब्रह्म शान्तिः
सर्वं शान्तिः शान्तिरेव शान्तिः सा मा शान्तिरेधि॥
ॐ शान्तिः शान्तिः शान्तिः॥

अंतरिक्ष - मैं ओंकार नाद बन कर हर मनुष्य में धड़क रहा हदय का स्पंदन हूँ। मैं पृथ्वी, सौर मंडल के ग्रह नक्षत्रों, उनके मध्य उपस्थित द्रव्य और उनसे भी परे कल्पनातीत ऊर्जा स्वरूपों को समाहित करने वाली सृष्टि हूँ। मैं अंतरिक्ष हूँ। ये सत्य है मनुष्यों के इस पृथ्वीलोक में कोई भी मेरा रूप, मेरी ध्वनि और मेरे आकार को परिभाषित नहीं कर पाया। मेरे रहस्यों को जानने और समझने की यात्रा अनंत काल तक चल सकती है। लेकिन आज, इस ध्वनि रूप में आप सभी के बीच उपस्थित हो, मैं एक ऐसी कथा कहूंगा जो मेरे ही रहस्यों को समझने में मेरी सहयोगी बनती है। मैं अंतरिक्ष, आज आपको राम कथा कहूंगा। जिनकी माया के वशीभूत सजीव और निर्जीव हैं। जिनके कारण हमें सारा जगत सत्य प्रतीत होता है। उन कारणों से श्रीराम कहलाने वाले भगवान हरि की मैं वंदना करता हूँ। इस दुनिया में जो भी सजीव और निर्जीव है, सबको राममय जानकर मैं सदा हाथ जोड़कर वन्दना करता हूँ। मैं श्री रामचन्द्रजी के चरणों में सिर नवाकर कथा कहूंगा।

(विभिन्न विजुअल्स के साथ विश्व की सबसे समृद्ध सनातन संस्कृति के वैभव की झांकी दिखना शुरू होती है। गंभीर पुरुष स्वर में संस्कृत के शब्द और महिला स्वर में उनका अर्थ गूंजता है।)

रामराज्यवासी त्वम्, प्रोच्छ्रयस्व ते शिरम्, न्यायार्थ युद्धस्व, सर्वेषु सम चर।

परिपालय दुर्बलम्, विद्धि धर्मं वरम्, प्रोच्छ्रयस्व ते शिरम्, रामराज्यवासी त्वम्॥

"तुम रामराज्यवासी न्याय के लिए लडो और सबको समान मानो। कमजोर की रक्षा करो, धर्म को सबसे श्रेष्ठ जानो। अपना मस्तक हमेशा ऊंचा रखो क्योंकि तुम रामराज्य के वासी हो।"

अंतरिक्ष - मैं एक ऐसी कथा सुनाता हूँ जो हमें खुद से जोड़ती है, जीवन का मतलब समझती है और मर्यादा से जीते हुए निडर हो कर दुष्टों पर विजय पाना भी सिखाती है। ये वो कहानी है जिसे भगवान शिव ने माता पार्वती को सुनाया, और उसके बाद महर्षि वाल्मीकि और बाबा तुलसीदास सहित ना जाने कितने लोगों ने कितनी ही बार इसको अलग-अलग तरीके से दोहराया। हर बार, इसको कहने और सुनने से ही चमत्कार होते रहे। जो आस्था रखते थे उन्हें उसका फल मिलता रहा, और जो शंका और संदेह में रहे, वो अमृत कलश के पास होते हुए भी प्यासे ही इस संसार से विदा हो गए। तो ध्यान लगा कर सुनो...

(स्क्रीन पर विजुअल्स के साथ दर्शकों के
सामने कथा जीवंत हो उठती है)

बाल लीला

अंतरिक्ष - हज़ारों साल पहले की ये बात है। रक्ष संस्कृति के नाम पर ऐसे अधर्मियों का पृथ्वी पर आतंक बढ़ गया, जिनका नारा था- "वयं रक्षाम"। यानी हम खुद के बाहुबल से ही सब कुछ करेंगे। इस उद्घोष के साथ अभिमानी राक्षसों ने पृथ्वी पर अपना राज फैलाने की इच्छा से, एक के बाद एक, प्रदेशों पर अधिकार करना शुरू किया। ये आततायी चाहते थे, कि सब उनके दास बन कर रक्ष संस्कृति को अपना लें। राक्षसों के समूह देखने में बड़े भयानक, पापी और देवताओं को दुःख देने वाले थे। वे एक साथ आगे बढ़ते हुए उपद्रव करते और माया से अनेक रूप धरते थे। संसार में ऐसा भ्रष्ट आचरण फैल गया कि धर्म की बात कहना शर्म की बात मानी जाती। कोई वेद-पुराण की बात कहता, उसको प्रताड़ित किया जाता। इस प्रकार धर्म के प्रति अनास्था और अरुचि देखकर मुनि, गंधर्व और पृथ्वी स्वयं गाय रूप में, सृष्टि के रचियता ब्रह्माजी के सत्यलोक पहुंचे। ब्रह्माजी ने संसार को चलाने वाले श्री विष्णु की स्तुति की:

जय जय सुरनायक जन सुखदायक प्रनतपाल भगवंता।
गो द्विज हितकारी जय असुरारी सिंधुसुता प्रिय कंता॥
पालन सुर धरनी अद्भुत करनी मरम न जानइ कोई।
जो सहज कृपाला दीनदयाला करउ अनुग्रह सोई॥1॥

जय जय अबिनासी सब घट बासी ब्यापक परमानंदा।

अबिगत गोतीतं चरित पुनीतं मायारहित मुकुंदा।।

जेहि लागि बिरागी अति अनुरागी बिगत मोह मुनिबृंदा।

निसि बासर ध्यावहिं गुन गन गावहिं जयति सच्चिदानंदा।।2।।

जेहिं सृष्टि उपाई त्रिबिध बनाई संग सहाय न दूजा।

सो करउ अघारी चिंत हमारी जानिअ भगति न पूजा।।

जो भव भय भंजन मुनि मन रंजन गंजन बिपति बरूथा।

मन बच क्रम बानी छाड़ि सयानी सरन सकल सुरजूथा।।3।।

सारद श्रुति सेषा रिषय असेषा जा कहुँ कोउ नहिं जाना।

जेहि दीन पिआरे बेद पुकारे द्रवउ सो श्रीभगवाना।।

भव बारिधि मंदर सब बिधि सुंदर गुनमंदिर सुखपुंजा।

मुनि सिद्ध सकल सुर परम भयातुर नमत नाथ पद कंजा।।4।।

अंतरिक्ष - देवताओं और पृथ्वी को डरा हुआ देख, और उनकी प्रार्थना सुनकर गंभीर आकाशवाणी हुई:

विष्णु स्वर (बैकग्राउंड में)- "हे मुनि, सिद्ध और देवताओं के स्वामियों! डरो मत। तुम्हारे लिए मैं मनुष्य का रूप धारण करूंगा और सूर्यवंश में अवतार लूंगा। कश्यप और अदिति ने कठिन तपस्या की थी। मैं उनको एक वरदान दे चुका हूँ। वे ही दशरथ और कौशल्या के रूप में अयोध्या नगर में प्रकट हुए हैं। मैं वहीं अवतार लूंगा और पृथ्वी का भार हर लूंगा। हे देववृंद! तुम निर्भय हो जाओ।"

अंतरिक्ष - आकाशवाणी सुनकर देवता और पृथ्वी को भरोसा हुआ कि राक्षसों के अत्याचारों का अंत, हरि के अवतार लेने के साथ हो जायेगा।

अब मैं बात करता हूँ अयोध्या नगरी की, जहाँ भगवान श्री विष्णु ने अवतार लेने की बात कही है। अयोध्या, जिसे अवधपुरी के नाम से भी जाना जाता है, उस समय अयोध्या के राजा रघुकुल शिरोमणि दशरथ थे। उनका नाम वेदों में विख्यात था। वे धर्मधुरंधर, गुणों के भंडार और ज्ञानी थे। उनकी कौशल्या, कैकेयी और सुमित्रा प्रिय रानियाँ थीं। राजा इस बात से दुखी थे कि उनका कोई उत्तराधिकारी नहीं है। वो गुरु वशिष्ठ के पास गए और अपना दुःख सुनाया। वशिष्ठजी ने उन्हें कहा- धीरज धरो, तुम्हारे चार पुत्र होंगे, जो तीनों लोकों में प्रसिद्ध और भक्तों के भय हरने वाले होंगे। वशिष्ठजी ने श्रृंगी ऋषि को बुलवाया और उनसे यज्ञ कराया। आहुतियाँ देने पर अग्निदेव खीर लिए प्रकट हुए। श्रृंगी ऋषि दशरथ से बोले- हे राजन्! अब तुम जाकर इस यज्ञ प्रसाद को रानियों में बाँट दो। राजा ने पत्नियों को बुलाया और उन्होंने प्रसाद ग्रहण किया। जिस दिन श्री हरि अपनी लीला से गर्भ में आए, चारों ओर खुशियां छा गई। फिर, वो अवसर आ गया, जब प्रभु प्रकट हुए, यानी उनका जन्म हुआ।

(अयोध्या नगरी में राजा दशरथ का महल। जन्मोत्सव संगीतमय चौपाइयों के साथ आगे बढ़ता है... चौपाइयों के बीच में नृत्य उत्सव भी है और साथ ही बालक रूप में राम, लक्ष्मण, भरत और शत्रुघ्न की लीलाएं भी मंच पर सजीव हो उठती हैं।)

गान (समूह स्वर)

भए प्रगट कृपाला दीनदयाला कौशल्या हितकारी।
हरषित महतारी मुनि मन हारी अद्भुत रूप बिचारी॥

लोचन अभिरामा तनु घनस्यामा निज आयुध भुजचारी।
भूषन बनमाला नयन बिसाला सोभासिंधु खरारी॥

कह दुइ कर जोरी अस्तुति तोरी केहि बिधि करौं अनंता।
माया गुन ग्यानातीत अमाना बेद पुरान भनंता॥

करुना सुख सागर सब गुन आगर जेहि गावहिं श्रुति संता।
सो मम हित लागी जन अनुरागी भयउ प्रगट श्रीकंता॥

ब्रह्मांड निकाया निर्मित माया रोम रोम प्रति बेद कहै।
मम उर सो बासी यह उपहासी सुनत धीर मति थिर न रहै॥

उपजा जब ग्याना प्रभु मुसुकाना चरित बहुत बिधि कीन्ह चहै।
कहि कथा सुहाई मातु बुझाई जेहि प्रकार सुत प्रेम लहै॥

माता पुनि बोली सो मति डोली तजहु तात यह रूपा।
कीजै सिसुलीला अति प्रियसीला यह सुख परम अनूपा॥

सुनि बचन सुजाना रोदन ठाना होइ बालक सुरभूपा।
यह चरित जे गावहिं हरिपद पावहिं ते न परहिं भवकूपा॥

बिप्र धेनु सुर संत हित लीन्ह मनुज अवतारा।
निज इच्छा निर्मित तनु माया गुन गो पारा॥

अंतरिक्ष - इसी तरह बाल लीलाओं में दिन बीत गए। नामकरण संस्कार के लिए मुनि वशिष्ठ को बुलाया गया।

(ध्वनि धीरे-धीरे मद्धम होती है और पुनः राजा दशरथ का महल प्रकाशमय। मुनि वशिष्ठ का आगमन)

दशरथ - मुनि! आपने मन में जो विचार रखे हों, इन बालकों के वे नाम रखिए।

वशिष्ठ - राजन्! आपके सबसे बड़े पुत्र जो आनंद के समुद्र हैं और जिसके एक अंश से तीनों लोक सुखी होते हैं, उनका नाम 'राम' हो। वो पुत्र जो संसार का भरण-पोषण करते हैं, उनका नाम 'भरत' होगा। जिनके स्मरण मात्र से शत्रु का नाश होता है, उनका 'शत्रुघ्न' नाम हो। जो शुभ लक्षणों के धाम हैं, उनका नाम 'लक्ष्मण' होगा।

(स्पेस ग्राफ़िक्स के साथ अंतरिक्ष पुनः जीवंत। ये दृश्य अलग- अलग तरीके से तब दिखाई देगा जब अंतरिक्ष का संवाद हो और बैकग्राउंड में अथवा स्टेज पर कोई गतिविधि नहीं है)

अंतरिक्ष - इधर चारों भाई अपने गुणों से अयोध्या में सभी का मन मोह रहे थे, उधर महामुनि विश्वामित्र जो अपने आश्रम में जप, यज्ञ और योग करते थे। वो मारीच और सुबाहु जैसे राक्षसों से बहुत दुःखी थे। यज्ञ देखते ही ये राक्षस वहाँ पहुँच जाते और उपद्रव मचाते। पापी राक्षस, राम-लक्ष्मण के मारे ही मरेंगे, ऐसा विचार कर वे राजा के यहाँ पहुँचे।

(प्रकाश पुनः दशरथ के महल पर। दशरथ द्वारा विश्वामित्र का स्वागत)

दशरथ - मुनि! आपका सादर अभिनन्दन है। आज किस कारण आपका शुभागमन हुआ? कहिए, मैं उसे पूरा करने में देर नहीं लगाऊँगा।

विश्वामित्र - राजन्! राक्षसों के समूह मुनिजनों को बहुत सताते हैं। इसीलिए कुमार राम और लक्ष्मण को मुझे सौंप दो। राक्षसों के मारे जाने पर हम सुरक्षित हो जायेंगे।

दशरथ - पुत्रों को सौंप दूँ? मुनिवर, मैं हर्ष के साथ अपना सर्वस्व दे दूंगा। प्राण से अधिक प्यारा कुछ भी नहीं होता, मैं वो भी एक पल में दे दूँ। मेरे पुत्र अभी युवा भी नहीं हुए हैं, उन्हें कैसे आपको सौंप दूँ? कहाँ वो डरावने और क्रूर राक्षस और कहाँ मेरे सुकुमार पुत्र!

(दशरथ के ऐसा कहने पर विश्वामित्र ने गुरु वशिष्ठ की तरफ देखा)

वशिष्ठ - राजन, एक पवित्र उद्देश्य के कारण प्रभु ने अवतार लिया है। रक्ष संस्कृति के बढ़ते आतंक को रोकने और राक्षसों के नाश का काम आरम्भ करने का समय आ चुका है। आप निश्चिन्त हो युवराज को मुनि के साथ भेजें।

दशरथ - जैसी आपकी आज्ञा गुरुवर। मुनि विश्वामित्र! ये दोनों पुत्र मेरे प्राण हैं। अब आप ही इनके संरक्षक और मार्गदर्शक हैं।

(दोनों राजकुमार माता और पिता से विदाई ले कर मुनि विश्वामित्र के साथ आश्रम के लिए रवाना होते हैं)

अंतरिक्ष - धर्म और राष्ट्र को अगर तुम्हारी ज़रुरत हो तो, फिर राम का नाम लेकर निकल पड़ो। ये ही तो संदेश दिया है राम की इस कथा ने। राजा दशरथ ने आशीर्वाद देकर पुत्रों को ऋषि के साथ आश्रम भेजा। रास्ते में ताड़का राक्षसी ने आक्रमण किया तो कुमार राम ने एक बाण से उसके प्राण हर लिए। आश्रम पहुँच कर राम-लक्ष्मण यज्ञ की रखवाली करने लगे। राक्षस मारीच और सुबाहु ने भी हमला किया तो उनका भी राम जी के हाथों वो ही हाल हुआ। उधर लक्ष्मणजी ने राक्षसों की सेना का संहार कर मुनियों को निर्भय कर दिया। एक दिन मुनि विश्वामित्र के साथ जाते हुए रास्ते में उन्हें एक आश्रम दिखाई पड़ा। वहाँ ना तो कोई पशु-पक्षी ना ही कोई और जीव-जन्तु नहीं था। पत्थर की एक स्त्रीरूपा शिला को देखकर प्रभु ने उसके बारे में प्रश्न किया, तब मुनि ने विस्तारपूर्वक एक कथा कही।

विश्वामित्र - सुनो राम! बहुत समय पहले की ये बात है। गौतम मुनि की पत्नी अहल्या को शाप मिला कि वो अपनी सभी संवेदनाओं को खो

कर ऐसी जड़ वस्तु हो जाए, जैसे एक चट्टान। लेकिन, दयावश ये बात भी कही कि जब प्रभु मानव रूप में अवतार लेंगे तब उनके स्पर्श से वो वापस सभी संवेदना प्राप्त कर नारी बन सकेगी। चलो राम, ये कार्य भी अब पूर्ण करो।

अंतरिक्ष - देखा आपने... भगवन के स्पर्श से पत्थर में जान आ गयी है! कितना खूबसूरत सन्देश मिल रहा है हमें! अगर हम भी अपने भीतर उपस्थित राम का स्पर्श पा जाएँ तो हमारी संवेदनाएँ चमत्कारिक रूप से जागृत हो जाएँगी। (सुखद संगीत बज उठता है) अब ये तीनों, मुनियों के समूह के साथ पहुँच जाते हैं एक ऐसे नगर जिसकी सुंदरता का वर्णन कौन कर सकता है! जो वहाँ जाता है, वहीँ रम जाता है। वहाँ का बाजार सुंदर है, मणियों से बने हुए विचित्र छज्जे हैं, मानो खुद ब्रह्मा ने उन्हें बनाया हो।

विवाह लीला

अंतरिक्ष - ये सीताजी की नगरी जनकपुरी मिथिला है। वहाँ पहुँच विश्वामित्रजी ने कहा- रघुवीर! मेरा मन कहता है कि यहीं रहा जाए। सभी ने वहाँ रुकना तय किया। मिथिलानरेश जनक ने जब ये समाचार पाया कि महामुनि विश्वामित्र आए हैं, तो वो उनसे मिलने आये। वहीं उनका परिचय राम और लक्ष्मण से हुआ। उन्होंने सभी को एक सुंदर महल में ठहराया। लक्ष्मण और राम मुनि विश्वामित्र से आज्ञा लेकर नगर भ्रमण के लिए निकल पड़े। ऐसा कौन होगा, जो इस रूप को देखकर मोहित न हो! ये खबर फ़ैल गई कि "नगर में भ्रमण कर रहे दोनों राजकुमार महाराज दशरथजी के पुत्र हैं! ये मुनि विश्वामित्र के यज्ञ की रक्षा करने वाले हैं, इन्होंने युद्ध के मैदान में राक्षसों को मारा है।" नगर की स्त्रियाँ! वे तो अलग ही चर्चा करने लगीं...

(नगर का दृश्य। कुछ युवतियाँ खिलखिलाती, फुसफुसाती कौतुहल भरी बातों में व्यस्त)

युवती1 - राजा जनक ने धनुष यज्ञ का आयोजन किया। और अब ये सुन्दर राजकुमार यहाँ! मुझे तो ये भी मालूम हुआ है कि राजा ने इन्हें पहचान लिया है और मुनि सहित इन्हें किसी सुन्दर महल में रुकवाया है।

युवती2 - तो तुम्हारे कहने का मतलब ये हुआ कि हमारी राजकुमारी जनकनन्दिनी सीता जी के विवाह के लिए हो रहे स्वयंवर से इसका संबंध है?

युवती3 - अरे, स्वयंवर की क्या आवश्यकता? इनसे तो वैसे ही विवाह तय कर देना चाहिए।

युवती1 - यदि विधाता भले हैं और हमारी बात सुनी जाती है तो देख लेना जानकीजी को यही वर मिलेगा।

युवती2 - तेरे मुँह में घी और गुड़। ऐसा संयोग बन जाए, तो कितना अच्छा हो! इसी नाते ये यहाँ आते जाते तो रहेंगे।

(दृश्य परिवर्तन)

अंतरिक्ष - अब आया वो क्षण, जिसके लिए मिथिला नगरी ने ना जाने कब से प्रतीक्षा की थी। राजमहल के निकट एक सरोवर और बाग़ था। वहाँ दोनों भाई पूजा के लिए पुष्प-पत्र लेने पहुँचे। तभी, वहाँ सीताजी भी अपनी सखियों सहित पार्वती पूजन के लिए पहुँच गए। एक सखी सीताजी का साथ छोड़कर बाग़ देखने चली गई। उसने दोनों भाइयों को देखा और दौड़ती हुई सीताजी के पास आई।

सीता - क्या हुआ तुम्हें? तुम इतनी अधीर सी... इतनी उतावली? अपनी प्रसन्नता का कारण तो बताओ?

सखी1 - दो राजकुमार बाग देखने आए हैं। किशोर अवस्था के हैं, सब प्रकार से सुंदर हैं... वे... अब उनकी सुंदरता को किस तरह से बताऊँ! मेरी जीभ, जो बोलेगी उसने खुद तो उसको देखा नहीं. उसकी आँखें नहीं

है। और जिन आँखों ने उन्हें देखा है, वो बेचारी बोल नहीं सकतीं, उनके जीभ नहीं है।

सखी2 - सखी! ये वही राजकुमार हैं, जो कल विश्वामित्र मुनि के साथ आए हैं।

(बाग़ का दृश्य हल्के और मधुर संगीत के साथ आगे बढ़ता है। दृश्य परिवर्तन)

अंतरिक्ष - सखियों की बात सुन सीताजी के मन में प्रीति उत्पन्न हुई। वो सब ओर इस तरह देख रही हैं, मानो डरी हुई हिरणी हो। उधर हाथों के कड़े, करधनी और पायजेब के शब्द सुनकर श्री रामचन्द्रजी ने उस ओर देखा। देखते ही, उनके नेत्र जैसे स्थिर हो गए। मुख से वचन नहीं निकल सके, लेकिन ऐसा लगा मानो ब्रह्मा ने अपनी सारी निपुणता को मूर्तिमान कर संसार को प्रकट करके दिखा दिया हो।

राम - (लक्ष्मण से) हे तात! ये वही, जनकजी की कन्या है, जिसके लिए धनुषयज्ञ हो रहा है। सखियाँ इसे गौरी पूजन के लिए ले आई हैं। इस अलौकिक सुंदरता देखकर मुझे शुभ शगुन हो रहे हैं।

(दृश्य परिवर्तन)

अंतरिक्ष - तब सखियों ने लता की ओट में सीता को बुलाकर उन्हें इन राजकुमारों को दिखलाया। श्री रघुनाथजी की छबि देखकर नेत्र निश्चल हो गए। पलकों ने भी गिरना छोड़ दिया। आँखों के रास्ते रामजी को हृदय में लाकर जानकीजी ने पलकों के किवाड़ लगा दिए। गौरीजी का पूजन कर, उनका आशीर्वाद ले सीताजी प्रसन्न मन से राजमहल लौटी।

(मद्धम ध्वनि के रूप में संगीतमय दोहा और छंद गूंजता है)

गान (सामूहिक स्वर)

श्री रामचन्द्र कृपालु भजुमन हरण भवभय दारुणं।
नव कंज लोचन कंज मुखकर कंज पद कंजारुणं ॥1॥

कन्दर्प अगणित अमित छवि नव नील नीरद सुन्दरं।
पटपीत मानहुँ तडित रुचि शुचि नोमि जनक सुतावरं ॥2॥

भजु दीनबन्धु दिनेश दानव दैत्य वंश निकन्दनं।
रघुनन्द आनन्द कन्द कोशल चन्द दशरथ नन्दनं ॥3॥

शिर मुकुट कुंडल तिलक चारु उदारु अङ्ग विभूषणं।
आजानु भुज शर चाप धर संग्राम जित खरदूषणं ॥4॥

इति वदति तुलसीदास शंकर शेष मुनि मन रंजनं।
मम् हृदय कंज निवास कुरु कामादि खलदल गंजनं ॥5॥

मन जाहि राच्यो मिलहि सो वर सहज सुन्दर सांवरो।
करुणा निधान सुजान शील स्नेह जानत रावरो ॥6॥

एहि भांति गौरी असीस सुन सिय सहित हिय हरषित अली।
तुलसी भवानिहि पूजी पुनि-पुनि मुदित मन मन्दिर चली ॥7॥

अंतरिक्ष - फिर वो दिन आया, जिसके लिए मिथिला नगरी सजी हुई थी। धनुष यज्ञ के साथ सीता स्वयंवर का दिन। मुनि ने राम लखन जी को कहा- चलो, जनकजी ने बुलाया है। रंगभूमि की सुन्दर सजावट में राम और लक्ष्मण के होने से चार चांद लग चुके हैं। जब सखियाँ सीताजी को साथ लेकर गीत गाती हुई वहाँ पहुंची, तो ये शोभा कई गुणा बढ

26

गयी। तब राजा जनक ने भाटों को बुला कर अपना प्रण सबसे कहने का आदेश दिया।

भाट - हे पृथ्वी की पालना करने वाले सब राजागण, सुनिए! राजाओं की भुजाओं का बल चन्द्रमा है। लेकिन शिवजी का धनुष ऐसा राहु है जो उस पर भी ग्रहण लगा दे। वह भारी है, कठोर है। बड़े योद्धा भी इस धनुष को देखकर चुपके से चलते बने। शिवजी के उसी कठोर धनुष को आज जो भी तोड़ेगा उसको जानकीजी वरण करेंगी।

अंतरिक्ष - प्रण सुनकर सब राजा ललचा उठे। जो अभिमानी थे, वे कमर कसकर अकुलाकर उठे और अपने इष्टदेवों को सिर नवाकर चले। वे बड़े ताव से शिवजी के धनुष की ओर देखते और फिर निगाह जमाकर उसे पकड़ते। जोर लगाते, पर वह उठता ही नहीं। जिन राजाओं के मन में कुछ विवेक है, वे तो धनुष के पास ही नहीं जाते। सब राजा उपहास के योग्य हो गए, निराश हो गए और अपने स्थान पर वापस जा बैठे। राजाओं को असफल देखकर महाराज जनक अकुला उठे और दिल को चुभने वाली बात बोल दी।

जनक - मैंने जो प्रण ठाना था, उसे सुनकर अनेकों राजा आए। देवता और दैत्य भी मनुष्य का शरीर धारण करके आए तथा और भी बहुत से रणधीर वीर आए। परन्तु धनुष को तोड़कर सुंदर कीर्ति को पाने वाला मानो ब्रह्मा ने किसी को रचा ही नहीं। किसी ने भी शंकरजी का धनुष नहीं चढ़ाया। चढ़ाना और तोड़ना तो दूर रहा, कोई तिल भर भूमि भी छुड़ा न सका। अब कोई वीरता का अभिमानी नाराज न हो। मैंने जान लिया, पृथ्वी वीरों से खाली हो गई। अब आशा छोड़कर अपने-अपने घर जाओ। ब्रह्मा ने सीता का विवाह लिखा ही नहीं। यदि प्रण छोड़ता हूँ, तो पुण्य जाता है। इसलिए क्या करूँ? कन्या कुँआरी ही रहे। यदि मैं

जानता कि पृथ्वी वीरों से शून्य है, तो ऐसा प्रण करके उपहास का पात्र न बनता।

लक्ष्मण (ऊँची आवाज़ में) - रुकिए राजन! गुरुवर और मेरे भाई श्री राम की आज्ञा से मैं कुछ कहना चाहता हूँ। श्री राम के उपस्थित होते हुए भी आपने जैसे अनुचित वचन कहे हैं, वैसा कोई नहीं कहता। यदि गुरु आज्ञा हो तो हम इस धनुष तो क्या, ब्रह्माण्ड को गेंद की तरह उठा लें और कच्चे घड़े की तरह फोड़ दें। श्रीराम के प्रताप से मैं ही धनुष को कुकुरमुत्ते की तरह तोड़ दूँ। यदि ऐसा न कर पाऊँ तो प्रभु की शपथ है, फिर मैं धनुष और तरकश को कभी हाथ में भी न लूँ।

अंतरिक्ष - लक्ष्मण के क्रोध भरे वचन से सभी लोग और राजा डर गए। श्री राम ने इशारे से लक्ष्मण को प्रेम सहित वापस बैठा लिया।

विश्वामित्र - हे राम! उठो, शिवजी का धनुष तोड़ो और जनक का संताप मिटाओ।

अंतरिक्ष - गुरु के वचन सुनकर श्री रामजी ने चरणों में सिर नवाया। वे सहज उठ खड़े हुए और मतवाले हाथी की सी चाल से आगे बढे। उन्होंने गुरु को प्रणाम किया और बड़ी फुर्ती से धनुष को उठा लिया। जब उसे हाथ में लिया, तब धनुष बिजली की तरह चमका। ये काम इतनी फुर्ती से हुआ कि धनुष कब उठाया, कब चढ़ाया और कब खींचा, किसी को पता नहीं लगा। सबने श्री रामजी को धनुष खींच खड़े देखा। उसी क्षण श्री रामजी ने धनुष को बीच से तोड़ डाला। सभी लोक भयंकर कठोर ध्वनि से भर गए। ब्रह्माण्ड में जय-जयकार की ध्वनि छा गई।

(सखियाँ गाने लगीं और सीताजी ने श्री राम के गले में जयमाला पहना दी। अभी स्वयंवर की खुशियाँ अपने पंख फैला कर आकाश छूने वाली

ही थीं कि अचानक रंगभूमि में हलचल हुयी। सभा में परशुराम जी का प्रवेश हुआ। गोरे शरीर पर विभूति फब रही है और विशाल ललाट पर त्रिपुण्ड शोभा दे रहा है। सिर पर जटा, मुख क्रोध के कारण लाल, भौंहें टेढ़ी और आँखें क्रोध से भरी हुई। सुंदर यज्ञोपवीत धारण किए, माला पहने और मृगचर्म लिए, उन्होंने कमर में मुनियों का वस्त्र और दो तरकश बांधे हैं। हाथ में धनुष-बाण और कंधे पर फरसा धारण किए हैं। जनकजी ने उनके पास पहुँच कर सिर नवाया और सीताजी को बुलाकर प्रणाम कराया। उसी समय विश्वामित्र आकर उनसे मिले और पीछे ही खड़े राम लक्ष्मण ने आगे बढ़ कर शीश नवाया। परशुराम कहने को आशीर्वाद के लिए हाथ उठा रहे हैं लेकिन मानो आसपास हो रही घटना से अनजान हो, ऐसा व्यवहार कर रहे हैं)

विश्वामित्र - ये राम और लक्ष्मण राजा दशरथ के पुत्र हैं।

परशुराम - (सभी को अनदेखा करते हुए राजा जनक से) कोई विशेष आयोजन हो रहा है यहाँ? ये भारी भीड़ कैसी है?

(रहस्यमयी संगीत बजता है। इस दौरान आंगिक अभिनय से राजा जनक धनुष युद्ध की बात परशुराम को डरते हुए बताते हैं। कुछ क्षण तक जनक के वचन सुनकर परशुराम मुड़कर दूसरी तरफ देखते हैं तो धनुष के टुकड़े भूमि पर पड़े दिखाई दिए।)

परशुराम - (अत्यन्त क्रोधित) मूर्ख जनक! बता, धनुष किसने तोड़ा? उसे शीघ्र दिखा, नहीं तो जहाँ तक तेरा राज्य है, वहाँ तक की पृथ्वी मैं उलट दूंगा।

जनक - (डर के मारे आवाज़ गले से निकल नहीं पा रही) वो मैं... मैं ये कहना चाह रहा...

परशुराम - (गर्जना सहित) किसने तोड़ा शिव धनुष?

(श्री राम सब लोगों को भयभीत देखकर और जनक सहित सीताजी को डरा हुआ देख आगे बढे)

राम - नाथ! शिवजी के धनुष को तोड़ने वाला आपका कोई सेवक ही होगा। क्या करेंगे जान कर, आप मुझसे क्यों नहीं कहते?

परशुराम - (क्रोध सहित) सेवक वह है जो सेवा का काम करे। शत्रु का काम करके तो लड़ाई ही करनी चाहिए। हे राम! सुनो, जिसने शिवजी के धनुष को तोड़ा है, वह सहस्रबाहु के समान मेरा शत्रु है। वह अन्य लोगों को छोड़कर अलग हो जाए, नहीं तो सभी राजा मारे जायेंगे।

(राम को मंद मुस्कुराते, लेकिन मौन देख लक्ष्मण आगे बढे)

लक्ष्मण - (व्यंग्यपूर्वक) गोसाईं! लड़कपन में हमने खिलौनों जैसी बहुत सी धनुहियाँ तोड़ डालीं, किन्तु आपने ऐसा क्रोध कभी नहीं किया। इसी धनुष पर इतनी ममता किस कारण से है?

परशुराम - (कुपित) राजपुत्र! काल के वश होने से तुझे बोलने में कुछ भी होश नहीं है। सारे संसार में विख्यात शिवजी का यह धनुष क्या धनुही के समान है?

लक्ष्मण - (हँसकर) देव... देव! सुनिए, हमारे जान में तो सभी धनुष एक से ही हैं। पुराने धनुष के तोड़ने में क्या हानि-लाभ! श्री रामचन्द्रजी ने तो इसे नवीन के धोखे से देखा था। फिर यह तो छूते ही टूट गया, इसमें रघुनाथजी का भी कोई दोष नहीं है। आप बिना ही कारण किसलिए क्रोध करते हैं?

परशुराम - (अपने फरसे को देखकर) दुष्ट! तूने मेरा स्वभाव नहीं सुना। मैंने बालक समझ कर अब तक तुझे नहीं मारा। मूर्ख! क्या तू मुझे निरा मुनि ही जानता है। मैं बालब्रह्मचारी और अत्यन्त क्रोधी हूँ। क्षत्रियकुल का शत्रु तो विश्वभर में विख्यात हूँ। अपनी भुजाओं के बल से मैंने पृथ्वी को कई बार राजाओं से रहित कर दिया और उसे ब्राह्मणों को दे डाला। सहस्त्रबाहु की भुजाओं को काटने वाले मेरे इस फरसे को देख!

लक्ष्मण - (हँसकर) अहो, मुनीश्वर तो अपने को बड़ा भारी योद्धा समझते हैं। बार-बार मुझे कुल्हाड़ी दिखाते हैं। फूँक से पहाड़ उड़ाना चाहते हैं! फरसा और धनुष-बाण देखकर ही मैंने अपनी बात कही थी। आपने जो ये जनेऊ पहन रखी है उसके कारण मैं सह रहा हूँ। देवता, ब्राह्मण, भगवान के भक्त और गाय- हमारे कुल में इन सब के सामने वीरता नहीं दिखाई जाती। इनको मारने से पाप लगता है। और वैसे भी, आपका तो एक-एक वचन ही करोड़ों बाणों के समान है। उन्हीं से मार डालिए ना! धनुष-बाण तो आप व्यर्थ ही धारण करते हैं।

परशुराम - विश्वामित्र! सुनो, ये बालक बड़ा कुबुद्धि और कुटिल है। काल के वश होकर यह कुल घातक बन रहा है। बिल्कुल उद्दण्ड, मूर्ख और निडर है। अभी यह काल का ग्रास हो जाएगा। मैं कह देता हूँ, फिर मुझे दोष नहीं है। यदि तुम इसे बचाना चाहते हो, तो हमारा प्रताप, बल और क्रोध बतलाकर इसे मना कर दो।

(विश्वामित्र कुछ बोल पाएं, उससे पहले लक्ष्मण फिर से बोल उठते हैं। ऐसा लगता हैं कि वो व्यंग्य बाण चलाना बंद नहीं करेंगे।)

लक्ष्मण - मुनि! आपका सुयश आपके रहते दूसरा कौन वर्णन कर सकता है? आपने अपने ही मुँह से अपनी करनी अनेकों बार वर्णन की है।

इतने पर भी संतोष न हुआ हो तो फिर कुछ कह डालिए। क्रोध रोककर दुःख मत सहिए। आप वीरता का व्रत धारण करने वाले, धैर्यवान हैं। गाली देते शोभा नहीं पाते। शूरवीर तो युद्ध में शूरवीरता का कार्य करते हैं। सिर्फ बड़े-बड़े शब्दों से अपने को क्या जताना? शत्रु को युद्ध में उपस्थित पाकर कायर ही अपने प्रताप की डींग मारा करते हैं। आप तो मानो काल को हाँक लगाकर बार-बार उसे मेरे लिए बुलाते हैं।

(ये सुनते ही परशुराम ने अपने भयानक फरसे को आक्रमण मुद्रा में हाथ में ले लिया)

परशुराम - अब लोग मुझे दोष न दें। यह कड़वा बोलने वाला बालक मारे जाने के ही योग्य है। इसे बालक देखकर मैंने बहुत बचाया, पर अब यह सचमुच मरने वाला है।

विश्वामित्र - अपराध क्षमा कीजिए। बालकों के दोष और गुण को साधु लोग नहीं गिनते।

परशुराम - यह गुरुद्रोही अपराधी मेरे सामने उत्तर दे रहा है! इतने पर भी मैं इसे बिना मारे छोड़ रहा हूँ, तो वो विश्वामित्र! केवल तुम्हारे प्रेम के कारण। नहीं तो इसे इस कठोर कुठार से काटकर अभी, इसी समय, मैं गुरु से उऋण हो जाता।

लक्ष्मण - मुनि! आपके शील को कौन नहीं जानता? वह संसार भर में प्रसिद्ध है। आप माता-पिता से तो अच्छी तरह उऋण हो ही गए। अब बहुत दिन बीत गए। गुरु का ऋण बचा हुआ है। उसका ब्याज भी बहुत बढ़ गया होगा। किसी हिसाब करने वाले को बुला लाइए, तो मैं तुरंत थैली खोलकर दे दूँ। आप मुझे फरसा दिखा रहे हैं? पर हे राजाओं के शत्रु! लगता है, आपको कभी रणधीर बलवान वीर नहीं मिले हैं।

(यह सुनकर 'अनुचित है, अनुचित है' कहकर सब लोग पुकार उठे। तब श्री रघुनाथजी ने इशारे से लक्ष्मणजी को रोक दिया)

राम - नाथ! बालक पर कृपा कीजिए। इस सीधे और उत्साही बच्चे पर क्रोध न कीजिए। यदि यह आपका कुछ भी प्रभाव जानता, तो क्या यह आपकी बराबरी करता? बालक चपलता करते हैं, तो गुरु, पिता और माता आनंद से भर जाते हैं। इसे छोटा बच्चा और सेवक जानकर कृपा कीजिए। आप तो समदर्शी, सुशील, धीर और ज्ञानी मुनि हैं।

(श्री राम के वचन सुनकर वे कुछ ठंडे पड़े। लक्ष्मण बिना कुछ कहे सिर्फ हँस दिए। उनको हँसते देखकर परशुरामजी पर क्रोध छा गया।)

परशुराम - राम! तेरा भाई बड़ा पापी है। यह शरीर से गोरा, पर हृदय का काला है। यह विषमुख है, दूधमुँहा नहीं। स्वभाव ही टेढ़ा है, तेरे जैसा शीलवान नहीं।

लक्ष्मण (हँसकर) - मुनि! सुनिए, क्रोध पाप का मूल है, जिसके वश में होकर मनुष्य अनुचित कर्म कर बैठते हैं। आप भी क्रोध त्याग दीजिये। टूटा हुआ धनुष क्रोध करने से जुड़ नहीं जाएगा। खड़े-खड़े पैर दुःखने लगे होंगे, बैठ जाइए। यदि धनुष अत्यन्त ही प्रिय हो, तो कोई उपाय किया जाए और किसी गुणी कारीगर को बुलाकर जुड़वा दिया जाए।

(लक्ष्मणजी के बोलने से राजा जनक डर जाते हैं)

जनक - बस, चुप रहिए, अनुचित बोलना अच्छा नहीं।

परशुराम - (राम से) तेरा छोटा भाई समझकर मैं इसे बचा रहा हूँ। यह मन का मैला और शरीर का कैसा सुंदर है, जैसे विष के रस से भरा हुआ सोने का घड़ा!

(लक्ष्मण हँसते हुए कुछ बोलने वाले ही हैं कि श्रीराम ने तिरछी नजर से उनकी ओर देखा, जिससे लक्ष्मण सकुचाकर गुरुजी के पास चले गए)

राम - नाथ! सुनिए, आप तो स्वभाव से ही सुजान हैं। आप बालक को सुना-अनसुना कर दीजिए। उसने तो कुछ भी नहीं बिगाड़ा है। आपका अपराधी तो मैं हूँ। इसलिए हे स्वामी! कृपा, क्रोध, वध और बंधन, जो कुछ करना हो, मुझ पर कीजिए। आपका क्रोध कैसे दूर होगा? बताइए, मैं वही उपाय करूंगा।

परशुराम - राम! क्रोध कैसे जाए, अब भी तेरा छोटा भाई टेढ़ा ही ताक रहा है। हाथ में फरसे के रहते मैं इस शत्रु राजपुत्र को जीवित देख रहा हूँ। विधाता विपरीत हो गया, इससे मेरा स्वभाव बदल गया है, नहीं तो भला, मेरे हृदय में इस पापी पर कृपा नहीं होती।

लक्ष्मण - (मुस्कुराकर सिर नवाते हुए) आपकी कृपा रूपी वायु भी आपकी मूर्ति के अनुकूल ही है, वचन बोलते हैं, मानो फूल झड़ रहे हैं। मुनि! यदि कृपा करने से आपका शरीर जला जा रहा है, तो क्रोध होने पर तो शरीर की रक्षा विधाता ही करेंगे।

परशुराम - जनक! देख, यह मूर्ख बालक हठ करके यमपुरी में निवास करना चाहता है। अपनी ओट में क्यों नहीं ले लेते? यह राजपुत्र देखने में छोटा है, पर है बड़ा खोटा। (राम की तरफ देखते हुए) और तू शिवजी का धनुष तोड़कर उलटा हमीं को ज्ञान सिखाता है। तेरा यह भाई तेरी ही सम्मति से कटु वचन बोलता है और तू छल से हाथ जोड़कर विनय करता है। शिवद्रोही! छल त्यागकर मुझसे युद्ध कर। नहीं तो भाई सहित तुझे मार डालूंगा।

राम - हे ब्राह्मण श्रेष्ठ! क्रोध का त्याग कीजिए। आपका वीरों सा वेष देखकर ही बालक ने कुछ कह डाला था, वास्तव में उसका भी कोई दोष नहीं है। आपको फरसा, बाण और धनुष धारण किए देखकर और वीर समझकर बालक को क्रोध आ गया। यदि आप मुनि की तरह आते, तो यह बालक आपके चरणों की धूलि सिर पर रखता। अनजाने की भूल को क्षमा कर दीजिए। हे नाथ! हमारी और आपकी बराबरी कैसी? कहिए न, कहाँ चरण और कहाँ मस्तक! कहाँ मेरा राम मात्र छोटा सा नाम और कहाँ आपका परशुसहित बड़ा नाम। देव! हमारे पास तो एक ही गुण... धनुष है और आपके परम पवित्र शम, दम, तप, शौच, क्षमा, सरलता, ज्ञान, विज्ञान और आस्तिकता... ये नौ गुण हैं। हे विप्र! हमारे अपराधों को क्षमा कीजिए।

परशुराम - (क्रोध वाली हँसी) तू भी अपने भाई के समान ही टेढ़ा है। तू मुझे निरा ब्राह्मण ही समझता है? मैं जैसा विप्र हूँ, तुझे सुनाता हूँ। करोड़ों जपयुक्त रणयज्ञ मैंने किए हैं। जैसे मंत्रोच्चारण पूर्वक 'स्वाहा' शब्द के साथ आहुति दी जाती है, उसी प्रकार मैंने पुकार-पुकार कर राजाओं की बलि दी है। मेरा प्रभाव तुझे मालूम नहीं है, तभी तू ब्राह्मण समझ के मेरा निरादर कर रहा है। धनुष तोड़ डाला, इससे तेरा घमंड बहुत बढ़ गया है। ऐसा अहंकार है, मानो संसार को जीतकर खड़ा है।

राम - मुनि! विचारकर बोलिए। आपका क्रोध बहुत बड़ा है और मेरी भूल बहुत छोटी है। पुराना धनुष था, छूते ही टूट गया। मैं किस कारण अभिमान करूँ? रघुवंशी रण में काल से भी नहीं डरते परन्तु ब्राह्मणवंश की ऐसी ही महिमा है कि... जो आपसे डरता है, वह सबसे निर्भय हो जाता है।

(श्रीराम के कोमल वचन सुनकर परशुराम का गुस्सा शांत हुआ)

परशुराम - राम! हे लक्ष्मीपति! ये लक्ष्मीपति विष्णु का धनुष हाथ में लीजिए और इसे खींचिए, जिससे मेरा संदेह मिट जाए।

(परशुरामजी धनुष देने लगे, तब वह आप ही चला गया। तब परशुरामजी के मन में बड़ा आश्चर्य हुआ। तब उन्होंने श्री रामजी का प्रभाव जाना, उनका शरीर पुलकित हो गया।)

परशुराम - (हाथ जोड़ कर) रघुकुल रूपी कमल वन के सूर्य! आपकी जय हो! मैंने अनजाने में आपको बहुत से अनुचित वचन कहे। मुझे क्षमा कीजिए। आपकी जय हो, जय हो।

(ऐसा कहकर परशुराम ने प्रस्थान किया। देव संगीत गूंज उठा। जनकपुर के स्त्री-पुरुष सब हर्षित हो गए)

अंतरिक्ष - अब राजा जनक ने विश्वामित्रजी को प्रणाम किया और धनुष यज्ञ में आगे का मार्ग प्रशस्त करने का निवेदन किया।

विश्वामित्र - यों तो विवाह धनुष के अधीन था, धनुष के टूटते ही विवाह हो गया। फिर भी, तुम जाकर अपने कुल का जैसा व्यवहार हो, वैसा करो। अयोध्या को दूत भेजो, जो राजा दशरथ को बुला लावें।

(दृश्य परिवर्तन)

अंतरिक्ष - जनक के दूत पवित्र पुरी अयोध्या में पहुँचे। राजद्वार पर जाकर उन्होंने खबर भेजी, राजा दशरथजी ने सुनकर उन्हें बुला लिया। दूतों ने प्रणाम करके सन्देश पत्र दिया। सन्देश पढ़ते ही उनके नेत्रों में प्रेम और आनंद के आँसू आ गए। ये सन्देश गुरु वशिष्ठ तक पहुँचाया गया।

विश्वामित्र - राजन्! तुमसे अधिक पुण्य और किसका होगा, जिसके राम सरीखे पुत्र हैं। डंका बजवाकर बारात सजाओ।

(दृश्य परिवर्तन)

अंतरिक्ष - अयोध्यावासी आनंदित होकर नगाड़े बजने लगे। उनमें ये जान कर उत्साह भर गया कि जानकी और राम का विवाह होगा। शुभ समाचार पाकर लोग प्रेममग्न हो गए, घर तथा गलियाँ सजाने लगे। राजा ने भरत को बुला कर कहा कि जाकर घोड़े, हाथी और रथ सजाओ, जल्दी रामजी की बारात में चलो। धूमधाम से बारात जनकपुर पहुंची। वहाँ की स्त्रियाँ आँचल फैलाकर विधाता को यह वचन सुनाती हैं कि चारों भाइयों का विवाह इसी नगर में हो और हम सब सुंदर मंगल गावें।

समूह स्वर में गान और नृत्य

देव गिरा सुनि सुंदर साँची। प्रीति अलौकिक दुहु दिसि माची॥
देत पाँवड़े अरघु सुहाए। सादर जनकु मंडपहिं ल्याए॥

होम समय तनु धरि अनलु अति सुख आहुति लेहिं।
बिप्र बेष धरि बेद सब कहि बिबाह बिधि देहिं॥

बर कुअँरि करतल जोरि साखोचारु दोउ कुलगुर करैं।
भयो पानिगहनु बिलोकि बिधि सुर मनुज मुनि आनँद भरैं॥

सुखमूल दूलहु देखि दंपति पुलक तन हुलस्यो हियो।

करि लोक बेद बिधानु कन्यादानु नृपभूषन कियो॥

हिमवंत जिमि गिरिजा महेसहि हरिहि श्री सागर दई।

तिमि जनक रामहि सिय समरपी बिस्व कल कीरति नई॥

क्यों करै बिनय बिदेहु कियो बिदेहु मूरति साँवरीं।

करि होमु बिधिवत गाँठि जोरी होन लागीं भाँवरीं॥

जय धुनि बंदी बेद धुनि मंगल गान निसान।

सुनि हरषहिं बरषहिं बिबुध सुरतरु सुमन सुजान॥

अंतरिक्ष - जय ध्वनि, वन्दी ध्वनि, वेद ध्वनि, मंगलगान और नगाड़ों की ध्वनि सुनकर देवगण हर्षित हो रहे हैं और कल्पवृक्ष के फूलों को बरसा रहे हैं। तब वशिष्ठजी की आज्ञा पाकर जनकजी ने विवाह का सामान सजाकर माण्डवीजी, श्रुतकीर्तिजी और उर्मिलाजी इन तीनों राजकुमारियों को बुला लिया। कुश ध्वज की बड़ी कन्या माण्डवी से भरत को ब्याह दिया। जानकी की छोटी बहिन उर्मिला से लक्ष्मणजी को ब्याह दिया और श्रुतकीर्ति से राजा ने शत्रुघ्न को ब्याह दिया। सब दुलहनें, दूल्हों के साथ एक ही मंडप में ऐसी शोभा पा रही हैं, मानो जीव के हृदय में चारों अवस्थाएँ- जाग्रत, स्वप्न, सुषुप्ति और तुरीय अपने चारों स्वामियों- विश्व, तैजस, प्राज्ञ और ब्रह्म सहित विराजमान हों। सब पुत्रों

को बहुओं सहित देखकर अवध नरेश दशरथजी ऐसे आनंदित हैं, मानो वे राजाओं के शिरोमणि क्रियाओं- यज्ञक्रिया, श्रद्धाक्रिया, योगक्रिया और ज्ञानक्रिया सहित चारों फल- अर्थ, धर्म, काम और मोक्ष पा गए हों। बीच-बीच में सुंदर मुकाम करती हुई तथा मार्ग के लोगों को सुख देती हुई वह बारात पवित्र दिन अयोध्यापुरी के समीप आ पहुँची। ऐसा लगता है जैसे हमने एक सुखद और लम्बी यात्रा साथ-साथ पूरी कर ली हो। राम जी के गुरु आश्रम में विचरण, राक्षस वध और धनुष यज्ञ के बाद विवाह समारोह ये सब हमारे अंदर ही घटित हो रहे हों!

वन लीला

अंतरिक्ष - चारों राजकुमारों और उनकी जीवन संगिनियों के अयोध्या नगर में आने के बाद समय पंख लगा कर उड़ने लगा। सुख के दिन कितने तेज गति से बीतते हैं ना! एक दिन राजा दशरथजी अपनी राजसभा में विराजमान थे। कोई चर्चा चल रही थी और सभा के सचिवगण उन्हें श्री राम का सुंदर यश सुना रहे थे। व्यक्ति जब अपने और अपनों पर मुग्ध होता है तो वो दर्पण देखता है। उन आनंद के क्षणों में राजा ने स्वाभाविक ही हाथ में दर्पण लिया और उसमें अपना मुँह देखकर मुकुट को सीधा किया। लेकिन उनकी नज़र जब चेहरे के किनारों की तरफ गयी तो देखा कि कानों के पास बाल सफेद हो गए हैं। मानो बुढ़ापा ऐसा उपदेश कर रहा है कि हे राजन्! श्री रामचन्द्रजी को युवराज पद देकर अपने जीवन और जन्म का लाभ क्यों नहीं लेते। उन्होंने ये विचार गुरु वशिष्ठ को सुनाया।

(दशरथ राजसभा का दृश्य। गुरु वशिष्ठ को प्रणाम करते हुए राजा दशरथ)

दशरथ - मुनिराज! मेरा एक निवेदन है। राम अब सब प्रकार से योग्य हो गए हैं। सेवक, मंत्री, सब नगर निवासी और हमारे शत्रु, मित्र या कि जो तटस्थ हैं- सभी को राम वैसे ही प्रिय हैं, जैसे वे मुझको हैं। क्या आप भी इस बात से सहमत हैं कि उन्हें युवराज पद देने का उचित समय आ गया है?

वशिष्ठ - राजन, उचित समय तो तभी होता है जब हम शुभ संकल्प लेकर कर्म करने का तय कर लेते हैं। सारे प्रजाजन आपके ही समान उन पर स्नेह करते हैं। अब देर न कीजिए। उनके अभिषेक के लिए सभी दिन शुभ और मंगलमय हैं।

(दृश्य परिवर्तन)

अंतरिक्ष - मुनि ने राज्याभिषेक की तैयारियाँ शुरू करने का संकेत दिया। ये सुहावनी खबर सुनते ही अवध में बड़ी धूम से बधावे बजने लगे। राम और सीता ने शुभ शगुन होते देख एक दुसरे से कहा कि अब इसी कार्य के बहाने भरत वापस अयोध्या जल्दी लौट आएंगे। उनको मामा के घर गए बहुत दिन हो गए थे और राम को उनकी याद भी आ रही थी। तब राजा ने वशिष्ठजी को राज्याभिषेक से पहले उचित उपदेश के लिए रामचन्द्रजी के महल भेजा। गुरु का आगमन सुनते ही उन्होंने दरवाजे पर आकर मस्तक नवाया।

राम - सेवक के घर स्वामी का पधारना मंगलों का मूल और अमंगलों का नाश करने वाला होता है। लेकिन आप को आने में कष्ट हुआ। मुझे ही बुला भेजते...

वशिष्ठ - राम! भला आप ऐसा क्यों न कहें। आप सूर्यवंश के भूषण जो हैं। राजा दशरथजी ने राज्याभिषेक की तैयारी की है। वे आपको युवराज पद देना चाहते हैं। इसलिए आज आप उपवास, हवन आदि कीजिए, जिससे विधाता कुशलपूर्वक इस काम को सफल कर दें।

राम - जैसी आपकी सम्मति गुरुवर। लेकिन हम सब भाई एक ही साथ जन्मे, खाना, सोना, लड़कपन के खेल-कूद, कनछेदन, यज्ञोपवीत और विवाह आदि उत्सव सब साथ-साथ ही हुए। पर इस निर्मल वंश में

यही एक अनुचित बात हो रही है कि और सब भाइयों को छोड़कर राज्याभिषेक एक बड़े का ही होता है।

वशिष्ठ - सभी भाई आपका ही तो रूप हैं राम। कल शुभ लग्न है। अधिक विलम्ब करने का कोई औचित्य नहीं।

(वशिष्ठ आशीर्वाद दे कर प्रस्थान करते हैं। दृश्य परिवर्तन)

अंतरिक्ष - इधर तो सब यह कह रहे हैं कि कल कब होगा, उधर देवता परेशान हो कर विघ्न पैदा करने का सोचते हैं। भगवन विष्णु ने इन्हीं देवताओं को आश्वासन दिया था कि रक्ष संस्कृति के समूल नाश के लिए वो मनुष्य रूप में अवतार लेंगे। अब, जब राम के रूप में वो अवतार उनके सामने हैं। तो उनकी चिंता ये है की सम्पूर्ण जगत में राक्षसों के आतंक को मिटाने वाले राम अगर राजा बन कर अयोध्या में ही अटक कर रह गए तो उद्धार कैसे होगा! सच बताऊँ तो देवताओं को अवध में गए जा रहे बधावे सुहाए ही नहीं। (अंतरिक्ष के संवाद के साथ ही बैकग्राउंड में दृश्य शुरू हो जाते हैं) देवता अब विद्या और बुद्धि देने वाली देवी सरस्वती के पास पहुँच कर कुछ विनय करते हैं कि वो अचरज में पड़ जाती हैं।

(प्रकाश घेरा उस स्पॉट पर जहाँ, देवलोक का दृश्य जीवंत है)

देवता प्रतिनिधि - हे माता! हमारी बड़ी विपत्ति को देखकर आज ऐसा कुछ कीजिए जिससे श्री रामचन्द्रजी राज्य त्यागकर वन को चले जाएँ और देवताओं का सब कार्य सिद्ध हो।

सरस्वती - देवगणों! तुम अपने कार्य की सिद्धि के लिए मुझे क्यों दोष दिलवाते हो? मैं इस सुन्दर वन के लिए पतझड़ क्यों बन जाऊँ?

देवता प्रतिनिधि - माता! इसमें आपको जरा भी दोष न लगेगा। श्री रघुनाथ विषाद और हर्ष से रहित हैं। आप तो श्री रामजी के अवतार और उनके प्रभाव को जानती ही हैं। देवताओं और राक्षस वृत्ति से संकट में पड़े मानवों के हित के लिए आप अयोध्या जाइए।

(दृश्य परिवर्तन)

अंतरिक्ष - बार-बार अनुरोध कर देवताओं ने सरस्वती को संकोच में डाल दिया। वो उस दिन अयोध्या में ऐसे आईं, मानो दुःसह दुःख देने वाली कोई ग्रहदशा आई हो। कैकेयी की एक दासी थी। नाम था उसका मंथरा। उसे ही कुबुद्धि से अपयश की पिटारी बनाकर सरस्वती वापस चली गई। मंथरा ने देखा कि नगर सजाया हुआ है। रामचन्द्रजी के राजतिलक की बात सुनते ही उसका हृदय जल उठा। वह उदास होकर कैकेयी के पास गई।

(कैकेयी के कक्ष का दृश्य। शोक वस्त्र धारण किए मंथरा का प्रवेश। बिना कुछ बोले नमस्कार की मुद्रा बना मंथरा खड़ी हो जाती है)

कैकेयी - (हँसकर) तू उदास क्यों है?

(मंथरा कुछ उत्तर नहीं देती, केवल लंबी साँस ले रही है और आँसू ढरका रही है)

कैकेयी - तुझे हुआ क्या है? वैसे तो तू बहुत बढ़-बढ़कर बोलती है। कहीं लक्ष्मण ने फिर तुझे कुछ सीख दी है?

मंथरा - (सुबकना तेज हो जाता है) नहीं, कुछ भी नहीं हुआ। होना क्या है मुझे?

कैकेयी - अरे, कुछ कहती क्यों नहीं? मेरे राम, लक्ष्मण, भरत और शत्रुघ्न कुशल तो हैं?

मंथरा - हे माई! मुझे कोई क्यों सीख देगा और मैं किसका बल पाकर बढ़-बढ़कर बोलूंगी! कौशल्या पुत्र राम को छोड़कर आज और किसकी कुशल है, जिन्हें राजा युवराज पद दे रहे हैं। तुम्हारा पुत्र परदेस में है, तुम्हें कुछ सोच नहीं।

कैकेयी - (डाँटकर) बस, अब चुप रह घरफोड़ी कहीं की! जो फिर कभी ऐसा कहा तो तेरी जीभ पकड़कर निकलवा लूंगी। बड़ा भाई स्वामी और छोटा भाई सेवक होता है। उनके तिलक की बात सुनकर तुझे क्षोभ कैसा? छल-कपट छोड़कर सच-सच कह। तू हर्ष के समय विषाद कर रही है, मुझे इसका कारण बता।

मंथरा - जो झूठी-सच्ची बातें बनाकर कहते हैं, वे ही तुम्हें प्रिय हैं और मैं कड़वी लगती हूँ! अब मैं भी ठकुरसुहाती कहा करूँगी। नहीं तो दिन-रात चुप ही रहूँगी। कोई भी राजा हो, हमारी क्या हानि है? दासी बन कर जन्मी, दासी ही मर जाउंगी। तुम्हारा अहित मुझसे देखा नहीं जाता, इसलिए कुछ बात चलाई थी, किन्तु हे देवी! मेरी बड़ी भूल हुई, क्षमा करो।

(कैकेयी अब संशय में। वो गहरी सोच में डूबी प्रतीत होती है। मंथरा समझ जाती है कि उसका दांव सफल हो रहा है। वो कैकेयी के चारों तरफ धीरे धीरे घूमती है, मानो उसे एक अदृश्य पाश में उसको बांध रही हो... बैकग्राउंड में षड्यंत्र का संकेत देता म्यूजिक)

मंथरा - तुम पूछती हो, किन्तु मैं कहते डरती हूँ, क्योंकि तुमने पहले ही मेरा नाम घरफोड़ी रख दिया है। हे रानी! तुमने जो कहा कि मुझे

सीता-राम प्रिय हैं और राम को तुम प्रिय हो, सो यह बात सच्ची है। परन्तु यह बात पहले थी, वे दिन अब बीत गए। अब सौत कौशल्या तुम्हारी जड़ उखाड़ना चाहती है। राम की माँ बड़ी चतुर और छुप कर घात करने वाली है। उसने मौका पाकर राजा से भरत को ननिहाल भिजवाया। राजा का तुम पर विशेष प्रेम है। कौशल्या सौत के स्वभाव से उसे देख नहीं सकती, इसलिए उसने जाल रचकर राजा को अपने वश में करके, भरत की अनुपस्थिति में राम के राजतिलक के लिए लग्न निश्चय करा लिया।

कैकेयी - (सम्मोहित, भ्रमित) तू शायद सच कह रही है। लेकिन, तुझे ऐसा क्यों लगा?

मंथरा - अरे, तुमने अब भी नहीं समझा? पूरा पखवाड़ा बीत गया सामान सजते और तुमने खबर पाई है, आज… मुझसे! जैसे दूध में पड़ी हुई मक्खी को लोग निकालकर फेंक देते हैं, वैसे ही तुम्हें भी लोग घर से निकाल बाहर करेंगे। पुत्र सहित कौशल्या की चाकरी बजाओगी तो घर में रह सकोगी, दूसरा कोई उपाय नहीं।

कैकेयी - सखी! क्या करूँ, मेरा तो सीधा स्वभाव है। मैं दायाँ-बायाँ कुछ भी नहीं जानती। मैं भले ही नैहर जाकर वहीं जीवन बिता दूँगी, पर जीते जी सौत की चाकरी नहीं करूँगी।

मंथरा - (एक एक शब्द पर जोर देकर। जैसे आदेश दे रही हो) स्वामिनि! तुमने मुझको एक कथा कही थी, उसकी याद है कि नहीं? तुम्हारे दो वरदान राजा के पास धरोहर हैं। आज उन्हें राजा से मांगकर अपनी छाती ठंडी करो। पुत्र को राज्य और राम को वनवास दो। आज की रात बीत गई, तो काम बिगड़ जाएगा। कोपभवन में जाओ। लेकिन, सब काम बड़ी सावधानी से करना।

(दृश्य परिवर्तन)

अंतरिक्ष - मुझे लगता है कि मंथरा कुबुद्धि का प्रतीक है और भरत सुबुद्धि के। जब भरत ननिहाल गए, यानी शरीर रुपी अयोध्या से सुबुद्धि, दूर हुयी, तभी दुर्बुद्धि हावी हुयी और परमात्मा को जीव से दूर करने की योजना बन गयी। कैकेयी कोपभवन में जा सोई। शाम हुयी और राजा दशरथ कैकेयी के कक्ष में गए। कोप भवन का नाम सुनकर राजा तो सहम गए। वहाँ पहुँचते ही उन्होंने देखा कैकेयी जमीन पर पड़ी है। पुराना मोटा कपड़ा पहने हुए है और शरीर के आभूषणों को उतारकर फेंक दिया है।

(कैकेयी के महल का दृश्य)

दशरथ - प्राणप्रिये! किसलिए रूठी हो?

(यह कहकर राजा उसे हाथ से स्पर्श करते हैं, तो वह उनके हाथ को झटककर हटा देती है)

दशरथ - कैकेयी, मुझे अपने क्रोध का कारण तो बताओ। किसने तेरा अनिष्ट किया? तेरा शत्रु अमर भी हो, तो मैं उसे भी मार सकता हूँ। मेरा सर्वस्व, यहाँ तक कि मेरे प्राण भी तेरे वश में हैं। तू हँसकर अपनी मनचाही बात मांग लेकिन इस तरह कुपित मत रह। ये बुरा वेष छोड़ कर आभूषण सजा।

कैकेयी - आप मांग-मांग तो कहते हैं, पर देते कुछ भी नहीं। आपने दो वरदान देने को कहा था, उनके मिलने में भी संदेह है।

दशरथ - (हँसकर) अब मैं समझा। तुमने उन वरों को कभी मांगा नहीं और मुझे भी याद नहीं रहा। अब तुम दो के बदले चार वर मांग लो। रघुकुल में सदा से यह रीति चली आई है कि प्राण भले ही चले जाएँ, पर वचन नहीं जाता।

कैकेयी - ऐसा है तो आप मुझे दो वर तो दीजिए। पहला- भरत को राजतिलक और दूसरा- तपस्वी रूप में राम को चौदह वर्ष का वनवास।

(तेज संगीत और गर्जना। दशरथ मूर्तिवत। उनसे कुछ कहते नहीं बना।)

कैकेयी - (क्रोध सहित) क्या भरत आपके पुत्र नहीं हैं? क्या मैं आपकी विवाहिता पत्नी नहीं हूँ? मेरे वचन सुनते ही आपको बाण सा लगा है तो आप सोच-समझकर हाँ या ना क्यों नहीं कहते? आपने ही वर देने को कहा था। अब भले ही मत दीजिए। वैसे आपने क्या समझा था? कैकेयी वर में चना-चबेना मांगेगी!

दशरथ - (दुःखी, हाथ जोड़े, काँपते स्वर में) प्रिये! तुम ऐसे वचन कैसे कह रही हो। भरत और राम तो मेरी दो आँखें हैं। मैं सवेरे ही दूत भेजूंगा। भरत-शत्रुघ्न तुरंत आ जायेंगे। शुभ मुहूर्त में, पूरी तैयारी सहित मैं भरत को राज्य दे दूंगा। राम को राज्य का लोभ नहीं है और भरत पर उनका बड़ा ही प्रेम है। मैं ही अपने मन में बड़े-छोटे का विचार करके बड़े को राजतिलक देने जा रहा था। राम की सौगंध खाकर कहता हूँ कि कौशल्या ने ऐसा मुझसे कभी नहीं कहा। हाँ, मैंने तुमसे बिना पूछे यह सब किया, ये मेरा अपराध अवश्य है।

कैकेयी - (संशय सहित) यही सत्य है तो फिर मेरे दोनों वरदान मानने में इतनी देरी का क्या कारण?

दशरथ - एक ही बात का मुझे दुःख लगा कि तुमने दूसरा वरदान क्या सोच कर मांग लिया? तू कहीं परिहास तो नहीं कर रही? हँसी और क्रोध छोड़ दे, उचित-अनुचित विचारकर वर मांग। मछली चाहे बिना पानी के जीती रहे परन्तु राम के बिना मेरा जीवन संभव नहीं।

कैकेयी - मुझे इतनी घुमाफिरा कर बात कहनी आती नहीं। या तो मैंने जो मांगा है वो दे दीजिए, नहीं तो 'ना' करके अपयश लीजिए। राम साधु हैं, आप साधु हैं और राम की माता भी भली है। मैंने सबको पहचान लिया है। सवेरा होते ही मुनि का वेष धारण कर यदि राम वन को नहीं जाते, तो निश्चय समझ लीजिए कि मेरा मरना होगा और आपका अपयश।

(ऐसा कहकर कैकेयी उठ खड़ी हुई, मानो क्रोध की नदी उमड़ी हो। दशरथ याचक की तरह पैरों में)

दशरथ - (गिड़गिड़ाते हुए) तू मेरा मस्तक मांग ले, मैं तुझे अभी दे दूँ। पर राम के विरह में मुझे मत मार। जिस किसी प्रकार से हो तू राम को रख ले। रख ले मेरे राम को रख ले... 'हा राम! हा राम! हा रघुनाथ!'

(विलाप करते हुए हुए सिर पीटकर दशरथ जमीन पर गिर पड़े, शरीर शिथिल होने लगा)

कैकेयी - (कटुता से) जो अंत में ऐसा ही करना था, तो आप 'मांग, मांग' क्यों कह रहे थे? या तो प्रतिज्ञा ही छोड़ दीजिए या धैर्य धारण कर मेरी बात मान लीजिये। यों असहाय स्त्री की भाँति रोइए-पीटिए नहीं।

दशरथ - (थोड़ा सँभालते हुए) तू जो चाहे कह, तेरा कुछ भी दोष नहीं है। मेरा काल तुझे मानो पिशाच होकर लग गया है। वही तुझसे यह सब कहला रहा है। तू मेरे सामने से हट जा, मुझे मुँह न दिखा। अभागिनी! तू अन्त में पछताएगी, बहुत पछताएगी।

(दशरथ हताश हो भूमि पर। प्रकाश कैकेयी महल पर यथावत)

अंतरिक्ष - राजा 'राम-राम' रट रहे हैं और ऐसे व्याकुल हैं, जैसे कोई पक्षी पंख के बिना बेहाल हो। वो चाह रहे हैं कि उस रात का सवेरा ही

नहीं हो और कोई जाकर श्री रामचन्द्रजी से यह बात न कहे। विलाप करते-करते ही सवेरा हो गया! महल के दरवाजे पर वीणा, बाँसुरी और शंख बजने लगे। दशरथ को मंगल साज नहीं सुहा रहे। द्वार पर मंत्रियों और सेवकों की भीड़ लगी है। वे कह रहे हैं कि ऐसा क्या कारण है कि दशरथजी सूर्योदय के बाद भी नहीं जागे? तभी मंत्री सुमंत्र वहाँ पहुँचे। राजा की दशा देख, वे स्तब्ध रह गए। राजा सोच से व्याकुल हैं, चेहरे का रंग उड़ गया है। जमीन पर ऐसे पड़े हैं, मानो किसी पेड़ को जड़ से उखाड़ कर पटक दिया हो। मंत्री मारे डर के कुछ पूछ नहीं सके। उन्होंने कैकेयी की तरफ देखा।

कैकेयी - राजा को रातभर नींद नहीं आई, इसका कारण जगदीश्वर ही जानें। इन्होंने 'राम राम' रटकर सवेरा कर दिया, परन्तु इसका भेद कुछ भी नहीं बतलाते। तुम जल्दी राम को बुला लाओ। तब आकर समाचार पूछना।

सुमंत्र - जैसी आपकी आज्ञा। (सोच में डूबे हुए प्रस्थान करते हैं। कुछ देर शोक संगीत। सुमंत्र का राम और लक्ष्मण के साथ प्रवेश)

राम - पिताजी, पिताजी! ये क्या हुआ माता! मुझे पिताजी के दुःख का कारण कहो, ताकि उसका निवारण हो।

कैकेयी - राम! सुनो... कारण यही है कि राजा तुम्हें बहुत स्नेह करते हैं। इन्होंने मुझे दो वरदान देने को कहा था। मुझे जो कुछ अच्छा लगा, वही मैंने मांगा। भरत को अयोध्या का राज और तुम्हें चौदह वर्ष का वनवास। अब इनके सामने एक तरफ पुत्र का स्नेह है और दूसरी तरफ प्रतिज्ञा। वो धर्मसंकट में पड़ गए हैं। यदि तुम चाहो तो राजा की आज्ञा शिरोधार्य करो और इनके मन का क्लेश मिटाओ।

राम - माता! वही पुत्र बड़भागी है, जो पिता-माता के वचनों का पालन करने वाला है। प्राणप्रिय भरत राज्य पाएंगे, इससे अधिक प्रसन्नता की बात क्या होगी? वन गमन तो मेरे हित में ही है। इसमें इतना शोक! अवश्य ही मुझसे कोई बड़ा अपराध हो गया है, जिसके कारण महाराज मुझसे कुछ नहीं कहते।

कैकेयी - (कपटपूर्ण स्नेह दिखाकर) तुम्हारी शपथ और भरत की सौगंध, मुझे राजा के दुःख का दूसरा कुछ भी कारण विदित नहीं।

(इतने में राजा की मूर्छा दूर हुई, उन्होंने 'राम! राम!' कहकर करवट ली। मंत्री ने राम के वहीं उपस्थित होने का संकेत दिया। ये जान कर उन्होंने नेत्र खोले और राम को चरणों में प्रणाम करते देखा। स्नेह से विकल राजा ने रामजी को हृदय से लगा लिया। नेत्रों से आँसुओं की धारा बह चली।)

राम - तात! मैं कुछ कहता हूँ, यह ढिठाई करता हूँ। इसको मेरी बाल्यावस्था समझकर क्षमा कीजिएगा। एक तुच्छ बात के लिए आपने इतना दुःख पाया! पिताजी! स्नेह छोड़ और हृदय में प्रसन्न होकर मुझे आज्ञा दीजिए। अपने धर्म का पालन कर और जन्म का फल पाकर मैं जल्दी ही लौट आऊँगा। मुझे अनुमति दें, मैं माता कौशल्या से विदा मांग आता हूँ।

(दृश्य परिवर्तन। कौशल्या का कक्ष। राम वहाँ पहुँच कर उन्हें सारी बात समझाते हैं। ये मूक अभिनय के सहारे ही दिखाया जाता है।)

अंतरिक्ष – राम, माता के सामने सीताजी से कुछ कहने में सकुचाते हैं। पर मन में यह समझकर कि यह समय ऐसा ही है, उन्हें पूरी बात बताते हुए कहना ही पड़ता है।

राम - हे राजकुमारी! मेरी सीख सुनो। मैं पिता की आज्ञा पालन करने के लिए वन जाऊँगा। मेरा वचन मानकर तुम घर रहो। यदि प्रेमवश हठ करोगी, तो तुम परिणाम में दुःख पाओगी। वन का जीवन बहुत कठिन है।

सीता - (कौशल्या के चरण स्पर्श कर) मुझे प्राणपति ने वही शिक्षा दी है, जिससे मेरा परम हित हो। परन्तु पति के वियोग के समान जगत में कोई दुःख नहीं है। आपके बिना स्वर्ग भी मेरे लिए नरक के समान है। आपके साथ पक्षी और पशु ही मेरे कुटुम्बी होंगे, वन ही नगर और वृक्षों की छाल ही निर्मल वस्त्र होंगे और पर्णकुटी ही स्वर्ग के समान सुखों की मूल होगी।

राम - तुम्हारा प्रेम मैं समझता हूँ। आज विषाद करने का अवसर नहीं है। तुरंत वनगमन की तैयारी करो।

लक्ष्मण - आपने क्या विचार कर मुझसे दूर जाने का सोच लिया। आप जहाँ होंगे, मेरी अयोध्या और मेरा जगत वहीँ होगा। मैं भी आपके साथ चलूंगा।

राम - हे तात! मेरी सीख सुनो और माता-पिता के चरणों की सेवा करो। भरत और शत्रुघ्न घर पर नहीं हैं, महाराज वृद्ध हैं और उनके मन में मेरा दुःख है। इस अवस्था में मैं तुमको साथ लेकर वन जाऊँ तो अयोध्या अनाथ हो जाएगी।

लक्ष्मण - स्वामी! आपने सीख तो बड़ी अच्छी दी है, पर मैं तो आप के स्नेह में पला हुआ छोटा बच्चा हूँ! कहीं हंस भी सुमेरु पर्वत को उठा सकते हैं? इतनी बड़ी सीख मैं कैसे ग्रहण कर पाऊंगा? धर्म और नीति का उपदेश तो उसको करना चाहिए, जिसे कीर्ति, ऐश्वर्य या सद्गति प्यारी हो, किन्तु जो मन, वचन और कर्म से चरणों में ही प्रेम रखता हो, क्या वह भी त्यागने योग्य है?

(कहते हुए वो राम के चरण में वंदन करते हैं। राम उन्हें हृदय से लगा लेते हैं।)

अंतरिक्ष – अयोध्या में जब ये समाचार फैला तो वहाँ हाहाकार मच गया। लेकिन राम ने सबको समझाया। माता, पिता और गुरु के चरण में सिर नवाया। आशीर्वाद पाकर श्री रघुनाथ, सीता और लक्ष्मण सहित वन को चले। अयोध्या में शोक छा गया और देवलोक में हर्ष और विषाद दोनों। हर्ष इस बात का था कि अब राक्षसों का नाश होगा और विषाद अयोध्यावासियों के शोक के कारण था। दशरथ ने सुमंत्र को बुलाकर उन्हें रथ लेकर साथ जाने को कहा। अयोध्यावासी तो इनके रथ के पीछे पीछे चलते हुए वन जाने को साथ हो लिए। कई तरह से समझाने के बाद भी जब वो लौटने को तैयार नहीं हुए तो पहले पड़ाव पर प्रजाजनों को आगे वन के कष्टों से बचाने के लिए, उन्हें वहीं सोता छोड़ राम-सीता-लक्ष्मण आगे रवाना हो गए। गंगा के किनारे निषादराज गुह ने जब यह खबर पाई, तो वो प्रियजनों के साथ कंद, मूल लेकर दर्शन को चला आया।

(दृश्य परिवर्तन। मंच पर पीछे की दृश्यावलियां अब बदल चुकी हैं। महल और नगर की जगह वन, पहाड़ और नदी जैसे दृश्य नज़र आते हैं)

निषादराज - हे नाथ! आपके दर्शन से हम धन्य हुए। कृपा करके श्रृंगवेरपुर पधारिए और हमारी प्रतिष्ठा बढ़ाइए।

राम - सखा! तुम्हारा स्नेह अगाध है। परन्तु पिताजी ने मुझको और ही आज्ञा दी है। मुझे चौदह वर्ष तक मुनियों का व्रत और वेष धारण कर और मुनियों के योग्य आहार करते हुए वन में ही बसना है, गाँव के भीतर निवास करना उचित नहीं है।

(दृश्य परिवर्तन)

अंतरिक्ष - वहीँ वन में स्नान और ध्यान कर उन्होंने बड़ का दूध मंगाया और छोटे भाई लक्ष्मणजी सहित उस दूध से सिर पर जटाएँ बनाईं। यह देखकर सुमंत्र के नेत्रों में जल छा गया। वे हाथ जोड़कर राम के सामने उपस्थित हो गए।

(प्रकाश वन दृश्य पर)

सुमंत्र - नाथ! मुझे दशरथजी ने आज्ञा दी थी कि तुम रथ लेकर श्री रामजी के साथ जाओ। वन दिखाकर, गंगा स्नान कराकर दोनों भाइयों और सीता को तुरंत लौटा लाना। कृपा करके वही कीजिए जिससे अयोध्या अनाथ न हो।

राम - तात! आप तो धर्म के सभी सिद्धांतों के ज्ञाता हैं। आप वापस अयोध्या जाएँ और पिताजी को समझाएं। सभी को समझाएं। इसी में सभी का हित है।

(दृश्य परिवर्तन)

अंतरिक्ष - श्री राम ने सुमंत्र को लौटाया और गंगाजी के तीर पर आए। नदी को पार करना था। केवट से नाव लाने को कहा तो दूसरी तरफ से कुछ अलग ही जवाब आया। प्रणाम करते हुए केवट ने नाव लाने से इंकार कर दिया।

(हिलोरे लेती नदी और किनारे लगी नावों का दृश्य)

केवट - मैंने तुम्हारा भेद जान लिया है। तुम्हारे चरण कमलों की धूल के लिए सब लोग कहते हैं कि वह मनुष्य बना देने वाली कोई जड़ी है जिसके छूते ही पत्थर की शिला सुंदरी स्त्री हो गई थी। मेरी नाव तो काठ

की है। काठ पत्थर से कठोर तो होता नहीं। मेरी नाव भी मुनि की स्त्री हो जाएगी और इस प्रकार मेरी नाव उड़ जाएगी, मैं लुट जाऊँगा। मैं तो इसीसे सारे परिवार का पालन-पोषण करता हूँ। दूसरा कोई धंधा नहीं जानता। हे प्रभु! यदि तुम पार जाना ही चाहते हो तो मुझे पहले अपने चरणकमल धो लेने के लिए कह दो।

(दृश्य परिवर्तन)

अंतरिक्ष - लीला देखी आप सभी ने? जिनका नाम एक बार लेते ही मनुष्य अपार भवसागर के पार उतर जाते हैं। जिन्होंने वामनावतार में दो ही पग में त्रिलोकी जगत को नाप लिया था, वही कृपालु श्री रामचन्द्रजी गंगा पार उतारने के लिए केवट से विनती कर रहे हैं! केवट श्री रामचन्द्रजी की आज्ञा पाकर कठौते में जल भरकर ले आया। आनंद और प्रेम सहित वह भगवान के चरण धोने लगा। निषादराज, लक्ष्मण सहित सीता और राम नाव से उतरकर गंगाजी की रेत में खड़े हो गए। तब केवट को दण्डवत करते देखकर प्रभु को संकोच हुआ कि इसको कुछ दिया नहीं। राम के मन की उलझन समझते हुए सीताजी ने आनंद भरे मन से रत्न जड़ित अंगूठी उतारी और राम को सौंप दी।

राम - ये लो, नाव की उतराई।

केवट - (चरणों में गिरते हुए) नाथ! आज मैंने क्या नहीं पाया! मेरे दोष, दुःख और दरिद्रता की आग आज बुझ गई है। मैंने बहुत समय तक मजदूरी की। विधाता ने आज भरपूर मेहनताना दे दिया। अब मुझे कुछ नहीं चाहिए। लौटती बार आप मुझे जो कुछ देंगे, वह प्रसाद मैं सिर चढ़ाकर लूंगा।

(दृश्य परिवर्तन)

अंतरिक्ष - बहुत आग्रह पर भी केवट कुछ नहीं लेता। तब रामजी ने निर्मल भक्ति का वरदान देकर उसे विदा किया। यहाँ निषादराज गुह को भी विदायी दी गई। इसके बाद रामजी मुनि भारद्वाज के पास आए। मुनि ने चार ब्रह्मचारियों को मार्ग दिखाने के लिए साथ कर दिया। यमुना नदी के निकट उनको भी विदा किया। यहाँ से वे पहुँच गए मुनि वाल्मीकि के पास। उनसे जाना गया कि रहने के लिए कुटिया कहाँ बनाई जाए।

(प्रकाश वन दृश्य पर)

वाल्मीकि - आपने मुझसे पूछा कि मैं कहाँ रहूँ? परन्तु मैं यह पूछते सकुचाता हूँ कि जहाँ आप न हों, वह स्थान बता दीजिए। तब मैं आपके रहने के लिए स्थान दिखाऊँ।

राम - (मुस्करा कर) आप इस स्थान से परिचित हैं। आप ही बताएं कि हम रहने के लिए कहाँ कुटी का निर्माण करें।

वाल्मीकि - आप चित्रकूट पर्वत पर निवास कीजिए। वहाँ पवित्र नदी है, जिसकी पुराणों ने प्रशंसा की है और जिसको अत्रि ऋषि की पत्नी अनसुयाजी अपने तपोबल से लाई थीं। वह गंगाजी की धारा है, उसका नाम मंदाकिनी है।

अंतरिक्ष - शीघ्र ही लक्ष्मण और जानकी सहित श्री राम सुंदर घास-पत्तों के घर में शोभायमान हुए। मानो कामदेव मुनि का वेष धारण करके पत्नी रति और वसंत ऋतु के साथ सुशोभित हो। उधर, अयोध्या के लोग सचिव सुमंत्र की प्रतीक्षा ये सोच कर किए जा रहे थे, कि शायद उनके साथ उनके प्रिय राम-सीता-लक्ष्मण लौट आएंगे। दुःख के अंधेरे में लिपटी थी वो शाम जब उन्होंने नगर में प्रवेश किया और रथ को दरवाजे पर खड़ा करके चुपके से महल में घुसे। उनको अकेले ही आया

देख सारा रनिवास दुखी हो गया। उधर सुमंत्र तो और भी ज़्यादा व्याकुल थे। उन्हें न कुछ सुनाई पड़ता है और न कुछ दिखाई देता। वो कौशल्या के महल में पहुँचे तो देखा, राजा दशरथ आसन, शय्या और आभूषण छोड़, बिलकुल उदास भूमि पर पड़े हैं। वे लंबी साँसें लेकर बार-बार 'राम, राम', 'हा राम, हा लक्ष्मण, हा जानकी' कहने लगते हैं। सचिव ने प्रणाम किया...

दशरथ (आकुलता से) - सुमंत्र! कहो, राम कहाँ हैं? उन्हें लौटा लाए हो कि वे वन को चले गए?

सुमंत्र - (डबडबाई आँखों से) महाराज! आप विवेक विचारकर धीरज धरिए और शोक का त्याग कीजिए। श्री राम ने कहलाया है कि पिता के अनुग्रह से वो वन जाते हुए सारे सुख पाएंगे और आज्ञा पालन कर लौट आयेंगे। ये कह कर वे नाव में सवार हुए, नाव चल दी और मैं छाती पर वज्र रखकर बस देखता रह गया। (कहते कहते मंत्री की वाणी रुक गई। सुमंत्र के वचन सुनते ही दशरथ भूमि पर गिर पड़े। रानियाँ विलाप करके रोने लगीं। तब माता कौशल्या धीरज सहित बोलीं...)

कौशल्या- आप धीरज धरिए, नहीं तो सारा परिवार, पूरी अयोध्या दुःख के सागर में डूब जायेंगे।

दशरथ - हे कौशल्या, राम के बिना जीने को धिक्कार है। मैं उस शरीर को रखकर क्या करूंगा, जिसने मेरा प्रेम का प्रण नहीं निबाहा? मेरे प्राण प्यारे राम! तुम्हारे बिना जीते हुए मुझे बहुत दिन बीत गए। हा जानकी, लक्ष्मण! हा रघुवीर!

(राम-राम कहकर, फिर फिर राम-राम कहकर और फिर राम कहकर पुत्र विरह में दशरथ शरीर त्याग कर सुरलोक को सिधार गए। अयोध्या के हर कोने में चीत्कार गूंज उठी)

अंतरिक्ष - दशरथ स्वर्ग सिधार गए (कुछ पलों का सन्नाटा) वशिष्ठजी ने दूतों को बुलवाकर उनसे कहा- तुम लोग जल्दी दौड़कर भरत के पास जाओ। उनसे इतना ही कहना कि दोनों भाइयों को गुरुजी ने बुलवा भेजा है। मुनि की आज्ञा सुनकर दूत वायुवेग अश्वों पर चल पड़े। ननिहाल से वापसी भी उसी तरह हुई। भरत और शत्रुघ्न को नगर में प्रवेश करते समय अपशकुन होने लगे। चारों तरफ शमशान जैसी मुर्दा शांति थी। पुत्र को देख कैकेयी बहुत हर्षित हुई। वो आरती सजाकर दौड़ी और दरवाजे पर ही मिलकर उन्हें महल में ले आई।

कैकेयी - आओ पुत्र, आओ! हमारे नैहर में कुशल तो है?

भरत - वहाँ सब कुशल है। यहाँ इतना शोक क्यों छाया हुआ है? पिताजी कहाँ हैं? मेरी सब माताएँ कहाँ हैं? सीताजी और मेरे प्यारे भाई राम-लक्ष्मण कहाँ हैं?

कैकेयी - हे तात! तुम कुछ चिंता मत करो। मैंने सारी बात बना ली थी। बेचारी मंथरा सहायक हुई। विधाता ने बीच में जरा सा काम बिगाड़ दिया। वो यह कि राजा देवलोक को पधार गए।

भरत - देवलोक को पधार गए? (गर्जना सहित विलाप) तात! तात! हा तात! हे तात! मैं आपको अंतिम समय देख भी न सका। ये विधाता ने क्या किया? माता! आप मुझे पिता की मृत्यु का कारण तो बताओ।

अंतरिक्ष - भरत के वचन सुनकर कैकेयी ने कहना शुरू किया। मानो मर्म स्थान चाकू से चीरकर उसमें जहर भर रही हो। शुरू से आखिर तक की बात बड़े प्रसन्न मन से सुना दी। रामजी का वन जाना सुनकर भरत जैसे पिता मरण को भूल गए। वे सन्न रह गए। पुत्र को व्याकुल देखकर कैकेयी समझाने लगी। मानो जले पर नमक लगा रही हो।

कैकेयी - हे तात! राजा ने अपने जीवन काल में पुण्य और यश कमाकर उसका पर्याप्त भोग किया। व्यर्थ विचार छोड़ कर नगर का राज्य करो।

भरत - (लंबी साँस ले कर, क्रोध से फुंफकारते हुए) पापिनी! तूने कुल का नाश कर दिया। तेरी ऐसी ही इच्छा थी, तो तूने जन्मते ही मुझे मार क्यों नहीं डाला? जब तूने बुरा विचार किया, उसी समय तेरे हृदय के टुकड़े-टुकड़े क्यों न हो गए? वरदान मांगते समय तेरी जीभ गल नहीं गई? तेरे मुँह में कीड़े नहीं पड़ गए?

(माता की कुटिलता सुनकर शत्रुघ्नजी के सब अंग क्रोध से जल रहे हैं, पर कुछ वश नहीं चलता। उसी समय भाँति-भाँति के कपड़ों और गहनों से सजकर मंथरा वहाँ आई। उसे सजी धजी देखकर शत्रुघ्न क्रोध में भर गए। उन्होंने जोर से कूबड़ पर एक लात जमा दी। वह चिल्लाती हुई मुँह के बल जमीन पर गिर पड़ी। दोनों भाई माता कौशल्या से मिलने पहुँचे। भरत को देखते ही कौशल्याजी उठ दौड़ीं। पर चक्कर आ जाने से गिर पड़ीं)

भरत - हे माँ! तीनों लोकों में मेरे समान अभागा कौन है? जिसके कारण तेरी यह दशा हुई। मुझे धिक्कार है!

कौशल्या - (भरत और शत्रुघ्न को गले से लगा कर विलाप करती) धीरज धरो पुत्र धीरज धरो। किसी को दोष मत दो। पिता की आज्ञा से

राम ने भूषण-वस्त्र त्याग दिए और वल्कल वस्त्र पहन लिए। राम का मुख प्रसन्न था, मन में न आसक्ति थी, न रोष। सीता और लक्ष्मण भी उनके साथ हो लिए। किसी की विनती नहीं सुनी।

(तभी वामदेव और वशिष्ठ का प्रवेश)

वशिष्ठ - तात! हृदय में धीरज धरो और आज जिस कार्य के करने का अवसर है, उसे करो।

अंतरिक्ष - वेद विधि से राजा की देह को स्नान कराया गया। सरयूजी के तट पर चिता बनाई गई। सब दाह क्रिया की गई और फिर वेद, स्मृति और पुराण का मत निश्चय करके उसके अनुसार भरतजी ने पिता का दशगात्र विधान किया। कुछ दिन व्यतीत हुए। एक दिवस, भरत ने मुनियों और सचिवों को बुलाया।

भरत - आज मैं आप सभी से कुछ कहना चाहता हूँ। मुझे ज्ञात है कि आप मुझसे प्रजा के कल्याण के लिए कुछ करवाना चाहते हैं। लेकिन मेरा कल्याण तो श्रीराम की चाकरी में रहा। वो माता की कुटिलता ने मुझसे छीन लिया। मैंने सभी तरह सोच कर देख लिया है। दूसरे किसी उपाय से मेरा कल्याण नहीं है। आप सभी मुझे आज्ञा दीजिए, मैं श्री रामजी के पास जाऊँ। किसी धर्मशील को ही राजा होना चाहिए। आप हठ करके ज्यों ही राज्य मुझे देंगे, पृथ्वी पाताल में धँस जाएगी।

वशिष्ठ - भरत, तुम्हें इस तरह का शोक शोभा नहीं देता।

भरत - शोभा? किस बात की शोभा गुरुवर? जीवन का उत्तम लाभ तो लक्ष्मण ने पाया। सब कुछ तजकर श्रीराम के चरणों में मन लगाया। मेरा जन्म तो रामजी के वनवास के लिए ही हुआ था। मेरे ही कारण यह

उपद्रव हुआ है। परन्तु मुझे विश्वास है, मुझे शरण में आया हुआ देखकर वो मेरे अपराध क्षमा कर देंगे। प्रातः ही उनके पास जाना है।

(दृश्य परिवर्तन)

अंतरिक्ष - भरत को ऐसे वचन कहते सुन सबके मन में बहुत आनंद हुआ। मानो मेघों की गर्जना सुनकर मोर आनंदित हो रहे हों। सारी रात जागते-जागते सवेरा हो गया। तब भरतजी ने मंत्रियों को बुलवाया। कहा- तिलक का सब सामान ले चलो। वन में ही मुनि वशिष्ठ श्री राम को राज्य देंगे, जल्दी चलो। यह सुनकर मंत्रियों ने तुरंत घोड़े, रथ और हाथी सजवा दिए। नगर के सब लोग रथों को सजाकर चित्रकूट को चल पड़े। सुंदर पालकियों पर चढ़कर सब रानियाँ चलीं। विश्वासपात्र सेवकों को नगर सौंपकर पूरे समाज और परिवार सहित भरत-शत्रुघ्न दोनों भाई चले। रात भर सई नदी के तीर पर निवास करके सब श्रृंगवेरपुर जा पहुँचे। निषादराज ने सब समाचार सुने, तो वो शंकित हो गया। उसने निषादों से कहा कि सब लोग सावधान हो जाओ। सब घाटों को रोक दो। मैं जाकर भरतजी से मिलकर उनका भेद लेता हूँ। उनका भाव मित्र का है या शत्रु का या उदासीन का, यह जानकर उसी के अनुसार प्रबंध करूंगा।

(निषादराज ने मुनिराज वशिष्ठ को देखकर अपना नाम बतलाकर दूर ही से दण्डवत प्रणाम किया। वशिष्ठ ने उसको आशीर्वाद दिया और...)

वशिष्ठ - यह गुह निषादराज, श्री राम के मित्र हैं।

भरत - राम के मित्र!

(अचानक जैसे संजीवनी मिल गई हो। वे रथ से उतरकर प्रेम आगे बढे। उसे दण्डवत करते देखकर भरतजी ने उसे गले लगाया। नगर के स्त्री-पुरुष निषाद को देखकर ऐसे सुखी हुए, मानो लक्ष्मणजी को देख रहे हों।)

भरत - हे सखा! मुझे वह स्थान दिखलाओ जहाँ सीताजी, रामजी और लक्ष्मण रात को सोए थे।

(निषाद को बड़ा विषाद हुआ। वह तुरंत ही उन्हें वहाँ ले गया जहाँ पवित्र अशोक के वृक्ष के नीचे श्री रामजी ने विश्राम किया था। भरतजी ने वहाँ अत्यन्त प्रेम से आदरपूर्वक दण्डवत प्रणाम किया, आँखों में आँसू)

भरत - जिनकी कोमल मूर्ति और सुकुमार स्वभाव है, जिनके शरीर में कभी गरम हवा भी नहीं लगी, वे वन में सब प्रकार की विपत्तियाँ सह रहे हैं। मुझ पापों के समुद्र और अभागे को धिक्कार है। धिक्कार है मुझे, जिसके कारण ये सब उत्पात हुए।

निषादराज - (प्रेमपूर्वक) नाथ! आप व्यर्थ विषाद किसलिए करते हैं? श्रीराम आपको प्यारे हैं और आप उनको प्यारे हैं। उस रात को प्रभु बार-बार आपकी सराहना कर रहे थे। उनको आपके समान प्रिय और कोई नहीं है।

(दृश्य परिवर्तन - राम पूजन अर्चन कर रहे हैं। तभी धीमे कोलाहल के कारण उत्तर दिशा की तरफ उनका ध्यान जाता है। आकाश में धूल छा रही है, बहुत से पक्षी और पशु व्याकुल होकर आश्रम की तरफ आ रहे हैं। उसी समय वनचरों ने आकर सब समाचार कहे)

वनचर1 - प्रभु, निषादों के दल से समाचार मिला है कि अयोध्या से भरत, शत्रुघ्न और सभी समाज आश्रम की तरफ आ रहे हैं।

वनचर2 - उनके साथ में बड़ी भारी... चतुरंगिणी सेना भी है।

लक्ष्मण - स्वामी! मुझे लगता है कि भरतजी आप का पद, सिंहासन पाकर धर्म की मर्यादा को मिटाकर चले हैं। ये सोचकर कि आप वनवास

में अकेले हैं, मन में बुरा विचार कर यहाँ आए हैं। यदि इनके हृदय में कपट और कुचाल न होती, तो ऐसे समय में रथ, घोड़े और हाथियों की कतार किसे सुहाती?

राम - (मुस्कुरा कर) लक्ष्मण तुम शांत हो जाओ।

लक्ष्मण - मेरा कहना अनुचित न मानिएगा। भरत ने हमारे साथ कम छेड़छाड़ नहीं की है। आखिर कहाँ तक सहा जाए और मन मारे रहा जाए? जब स्वामी हमारे साथ और धनुष हमारे हाथ में है!

(यों कहकर लक्ष्मणजी ने उठकर, हाथ जोड़कर आज्ञा मांगी। मानो वीर रस सोते से जाग उठा हो। सिर पर जटा बांधकर कमर में तरकश कस लिया और धनुष को सजाकर तथा बाण को हाथ में ले लिया)

लक्ष्मण - अच्छा हुआ जो सारा समाज आकर एकत्र हो गया। आज मैं पिछला सब क्रोध प्रकट करूंगा। जैसे सिंह हाथियों के झुंड को कुचल डालता है वैसे ही भरत को सेना समेत और छोटे भाई सहित तिरस्कार करके मैदान में पछाड़ूँगा।

(तभी बादलों की गर्जना के बीच आकाशवाणी हुयी)

आकाशवाणी - हे तात! तुम्हारे प्रताप और प्रभाव को कौन कह सकता है और कौन जान सकता है? परन्तु कोई भी काम हो, उसे अनुचित-उचित खूब समझ-बूझकर किया जाए। बिना विचारे जल्दी में किसी काम को करके, जो बाद में पछताते हैं, वे बुद्धिमान नहीं हैं।

(लक्ष्मण किंकर्तव्यविमूढ़)

राम - लक्ष्मण! सुनो, भरत सरीखा उत्तम पुरुष सृष्टि में न कहीं सुना गया, न देखा ही गया। अयोध्या के राज्य की तो बात ही क्या है, ब्रह्मा, विष्णु

और महादेव का पद पाकर भी भरत को राज्य का मद नहीं होगा। यदि भरत का जन्म न होता, तो पृथ्वी पर संपूर्ण धर्मों की धुरी को कौन धारण करता?

(दृश्य परिवर्तन)

अंतरिक्ष - निषादराज सहित भरत और शत्रुघ्न को सघन वन की आड़ के कारण लक्ष्मण नहीं देख पाए। भरतजी ने सबसे पहले सुंदर आश्रम देखा। आश्रम में प्रवेश करते ही भरतजी का दुःख मिट गया। मानो योगी को परमतत्व की प्राप्ति हो गई हो। भरतजी ने देखा कि लक्ष्मणजी प्रभु के आगे खड़े हैं और प्रेमपूर्वक वार्तालाप कर रहे हैं। सिर पर जटा है, कमर में मुनियों का वल्कल वस्त्र बांधे हैं और उसी में तरकश कसे हैं। हाथ में बाण तथा कंधे पर धनुष है, वेदी पर मुनि तथा साधुओं का समुदाय बैठा है और सीताजी सहित श्री रघुनाथजी विराजमान हैं। ‘हे नाथ! रक्षा कीजिए, रक्षा कीजिए’ कहकर वे भूमि पर गिर पड़े। यह सुनते ही श्री रघुनाथजी प्रेम में अधीर होकर उठे। कहीं वस्त्र गिरा, कहीं तरकश, कहीं धनुष और कहीं बाण। कृपानिधान ने उनको उठाकर हृदय से लगा लिया! भरतजी और श्री राम के मिलन को देखकर सब अपनी सुध भूल गए।

(मधुर संगीत गूंज उठता है)

अंतरिक्ष - सबसे पहले राम कैकेयी से मिले ताकि वो अपराध बोध से मुक्त हो सके। फिर वे सब माताओं से मिले। गुरु से कहा कि आश्रम पर पधारिए। वशिष्ठजी की आज्ञा पाकर अयोध्यावासी सब लोग निकट ही उतर गए। सासुओं का विधवा वेश देख सीताजी और सीताजी का वनवासी वाला वेश देख सासुओं की आँखें भर आयीं। गुरु वशिष्ठ ने राजा दशरथ के समाचार सुनाए तो राम-सीता-लक्ष्मण सहित वहाँ

उपस्थित समाज शोक से व्याकुल हो गया, मानो राजा आज ही मरे हों। दो दिन, सभी धार्मिक कार्यों को रामजी ने बंधुओं के साथ संपन्न किया। फिर जब सभी मुनि, सचिव और समाज एक साथ भरत जी के साथ बैठा तो वशिष्ठ जी ने अपने मन की बात कही।

(प्रकाश आश्रम दृश्य पर)

वशिष्ठ - वैसे तो अंतर्यामी श्रीराम की आज्ञा और रुख रखने में ही हम सबका हित है। परन्तु श्रीराम का राज्याभिषेक सबके लिए सुखदायक है। मंगल और आनंद का मूल यही एक मार्ग है। अब रघुनाथ अयोध्या किस प्रकार चलें? विचारकर कहो, वही उपाय किया जाए।

भरत - आपकी आशीष ही एक ऐसी है, जो दुःखों का दमन करके, समस्त कल्याण सहज ही दे देती है। आपने जो निश्चय कर दिया उसे कौन टाल सकता है?

वशिष्ठ - तात! मैं एक बात कहने में सकुचाता हूँ। बुद्धिमान लोग सर्वस्व जाता देख आधा छोड़ देते हैं। अतः क्या ये उचित होगा कि तुम दोनों भाई भरत-शत्रुघ्न वन को जाओ और लक्ष्मण, सीता और श्री रामचन्द्र को अयोध्या लौटा दिया जाए।

भरत - (प्रसन्नता से) मुनि ने जो कहा, वह करने से जगतभर के जीवों को उनकी इच्छित वस्तु देने का फल होगा। चौदह वर्ष तो कुछ भी नहीं! मैं जन्मभर वन में वास करूंगा। मेरे लिए इससे बढ़कर और कोई सुख नहीं है। गुरुवर, आपसे विनती है कि आप अपने वचनों के अनुसार व्यवस्था कीजिए।

(दृश्य परिवर्तन)

अंतरिक्ष - भाइयों का ऐसा प्रेम किसे नहीं सुहायेगा? मुनि वशिष्ठ की अन्तरात्मा को भरत बहुत अच्छे लगे और वे समाज सहित रामजी के पास आए। प्रभु ने प्रणाम कर उत्तम आसन दिया। सब लोग मुनि की आज्ञा सुनकर बैठ गए।

(दृश्य परिवर्तन। आश्रम का दृश्य। राम और गुरु वशिष्ठ के साथ भरत आदि उपस्थित)

वशिष्ठ - हे धर्म, नीति, गुण और ज्ञान के भण्डार राम! आप सबके हृदय के भीतर बसते हैं और सबके भले-बुरे भाव को जानते हैं, जिसमें पुरवासियों का, माताओं का और भरत का हित हो, वही उपाय बतलाइए।

राम - हे नाथ! उपाय तो आप ही के हाथ है। आपकी आज्ञा को सत्य कहकर प्रसन्नता पूर्वक पालन करने में ही सबका हित है। मुझे जो आज्ञा हो, मैं उसी अनुसार कार्य करूंगा।

वशिष्ठ - राम! तुमने सच कहा। पर भरत के प्रेम ने मेरे मन में किसी विचार को नहीं रहने दिया। मेरी बुद्धि भरत की भक्ति के वश हो गई है। मेरी समझ में तो भरत की रुचि रखकर जो कुछ किया जाएगा, वह सब शुभ ही होगा। पहले भरत की विनती आदरपूर्वक सुन लीजिए, फिर उस पर विचार कीजिए।

राम - नाथ! मैं सत्य कहता हूँ कि जगत में भरत के समान कोई भाई हुआ ही नहीं। वो जो कुछ कहे, वही करने में भलाई है।

वशिष्ठ - (भरत से) तात! सब संकोच त्यागकर अपने हृदय की बात कहो।

भरत - (भाव विभोर, हाथ जोड़े) जो कुछ मैं कह सकता था वह तो मुनि वशिष्ठ ने ही कह दिया। इससे अधिक क्या कहूँ? अपने स्वामी राम

का स्वभाव मैं जानता हूँ। वे अपराधी पर भी कभी क्रोध नहीं करते। मुझ पर तो उनकी विशेष कृपा और स्नेह है। मैंने खेल में भी कभी उनकी अप्रसन्नता नहीं देखी। बचपन में ही मैंने उनका साथ नहीं छोड़ा और उन्होंने भी मेरे मन को कभी नहीं तोड़ा। मेरे हारने पर भी खेल में प्रभु मुझे जिताते रहे हैं। परन्तु विधाता को मुझे मिलने वाला ये दुलार सहन नहीं हुआ। उसने नीच माता के बहाने मेरे और स्वामी के बीच अंतर डाल दिया। वैसे, यह कहना भी आज मुझे शोभा नहीं देता, क्योंकि...
माता नीच और मैं सदाचारी हूँ, ऐसा सोचना भी करोड़ों दुराचारों के समान है। स्वप्न में भी मैं किसी को दोष नहीं दूंगा। मेरा दुर्भाग्य ही समुद्र जितना गहरा है। मैंने अपने पापों का परिणाम समझे बिना ही माता को कटु वचन कहकर व्यर्थ ही जलाया। मैं अब हार गया। मेरी भलाई का कोई साधन नहीं सूझता। बस, एक कार्य में ही मेरा भला है। साधुओं की सभा में, इस पवित्र तीर्थ स्थान में मैं सत्य भाव से कहता हूँ। राम जी, लक्ष्मण और सीताजी के साथ मुनियों का सा वेष धारणकर नंगे पाँव- पैदल ही वन को चले गए, यह सुनकर भी मैं जीवित रह गया। अब यहाँ आकर सब आँखों देख लिया। लेकिन ये ढीठ शरीर अब भी जीवित रह कर मुझे कठोरतम दंड दे रहा है। (छोटे बच्चे की तरह फूट फूट कर रोने लगते हैं। राम अपने स्थान से उठ कर आते हैं और भरत को गले लगाते हैं)

राम - तात! तुम अपने हृदय में व्यर्थ ही ग्लानि करते हो। तीनों काल और तीनों लोकों के सब पुण्यात्मा पुरुष तुम से नीचे हैं। माता कैकेयी को तो वे ही मूर्ख दोष देते हैं, जिन्होंने गुरु और साधुओं की सभा का सेवन नहीं किया है। पिता ने मुझे त्याग कर सत्य को रखा और प्रेम-प्रण के लिए शरीर छोड़ दिया। उनके वचन को भुलाते हुए मन में सोच होता है। गुरुजी

ने मुझे आज्ञा दी है, इसलिए अब तुम जो कुछ कहो, अवश्य ही मैं वही करना चाहता हूँ।

भरत (प्रणाम करके) - हे अन्तर्यामी! अब मैं और क्या कहूँ? क्या कहूँ मैं? हे नाथ! आपके लौटने में सभी का स्वार्थ है। राजतिलक की सामग्री सजाकर लाई गई है, जो प्रभु का मन माने तो उसे सफल कीजिए। छोटे भाई शत्रुघ्न समेत मुझे वन में भेज दीजिए और आप अयोध्या लौटकर सबको सनाथ कीजिए। यदि आप अयोध्या जाने को तैयार न हों तो लक्ष्मण और शत्रुघ्न दोनों भाइयों को लौटा दीजिए और मैं आपके साथ वन में रहूँगा। अथवा हम तीनों भाई वन चले जाएँ और हे रघुनाथ! आप सीताजी सहित अयोध्या को लौट जाइए।

('भरतजी धन्य हैं! स्वामी श्री रामजी की जय हो! का घोष... राम सजल हो उठते हैं)

राम - तात! तुम्हारी, मेरी, परिवार की, घर की और वन की सारी चिंता गुरु वशिष्ठजी और महाराज जनकजी को है। मेरा और तुम्हारा तो परम पुरुषार्थ, धर्म और परमार्थ इसी में है कि हम दोनों भाई पिताजी की आज्ञा का पालन करें। सब सोच छोड़कर अवध जाकर अवधिभर उसका पालन करो। मुखिया मुख के समान होना चाहिए, जो खाने-पीने को तो एक है, परन्तु विवेकपूर्वक सब अंगों का पालन-पोषण करता है। राजधर्म का सार भी इतना ही है।

भरत - (निराश, शोकग्रस्त) हे कृपालु! अब जैसी आपकी आज्ञा, मुझे वो ही करना होगा! परन्तु देव! आप मुझे कोई अवलम्बन, कोई सहारा दें, जिसकी सेवा कर मैं इस अवधि को पार पा जाऊँ।

(दृश्य परिवर्तन)

अंतरिक्ष - इधर तो भरतजी का प्रेम और उधर गुरुजनों, मंत्रियों तथा समाज की उपस्थिति! यह देखकर श्री रघुनाथजी संकोच तथा स्नेह से वशीभूत हो गए। उस निर्जन वन में शरीर पर धारण किए वस्त्रों के अलावा देने को था ही क्या! आखिर भरतजी के प्रेमवश प्रभु श्री राम ने अपनी खड़ाऊ दे दीं और भरत ने उन्हें आदरपूर्वक माथे से लगा लिया। भरत ने प्रणाम करके विदा मांगी, तब श्री राम ने उन्हें हृदय से लगा लिया। सीताजी और लक्ष्मणजी सहित प्रभु श्रीराम लौटकर पर्णकुटी पर आए। उधर भरत अयोध्या पहुँच कर नित्य प्रभु की पादुकाओं का पूजन करते हैं। उन्हीं से आज्ञा मांगकर वे राज-काज करते हैं।

विरह लीला

अंतरिक्ष - अब मैं इस कथा को दूसरी दिशा में ले जाऊँगा। दक्षिण दिशा की ओर, जहाँ रक्ष साम्राज्य फैला है। वो रक्ष साम्राज्य, जिसके नाश के लिए प्रभु ने मानव अवतार लिया। उसमें सबसे शक्तिशाली और उच्च कोटि का विद्वान राजा... रावण था। रावण इतना शक्तिशाली था कि उसने बहुत से देवताओं को बंदी बना कर अपने दरबार में रखा था और ये सभी हाथ जोड़कर उसके सामने खड़े रहते थे। रावण की एक बहिन थी शूर्पणखा, जो एक बार पंचवटी में गई और दोनों राजकुमारों को देखकर कामना से पीड़ित हो गई। सुन्दर रूप धरकर श्री राम के पास पहुँची और मुस्कुराकर लुभाने की कोशिश करने लगी।

(प्रकाश आश्रम दृश्य पर)

शूर्पणखा - हे सुंदर सुकुमार। न तो तुम्हारे समान कोई पुरुष है, न मेरे समान स्त्री। विधाता ने यह संयोग बहुत विचार कर रचा है। मेरे योग्य पुरुष जगत में नहीं है। इसी से मैं अब तक अविवाहित रही। अब तुमको देखकर मेरा चित्त ठहरा है।

राम - (पहले सीता की और संकेत, फिर लक्ष्मण की तरफ) ये मेरा छोटा भाई कुमार है।

शूर्पणखा - तुम्हारा क्या विचार है छोटे कुमार?

लक्ष्मण - सुंदरी! मैं तो उनका दास हूँ। मैं पराधीन हूँ, अतः तुम्हे सुख न होगा। प्रभु समर्थ हैं, कोसलपुर के राजा है, वे जो कुछ करें, उन्हें सब फबता है।

शूर्पणखा - (फिर राम के पास) इतना रूखा व्यवहार?

राम - देवी! मैंने कहा ना, की तुम यहाँ मत आओ।

शूर्पणखा - (पुनः लक्ष्मण के पास) दास हो तो क्या हुआ? सुन्दर और गुणी तो हो। मुझे वर लो।

लक्ष्मण - वर लूँ? तुम्हें वही वरेगा, जो निपट निर्लज्ज होगा।

अंतरिक्ष - खिसियायी हुई शूर्पणखा गुस्से में श्री राम के पास गई और उसने अपना भयंकर रूप प्रकट किया। सीताजी को भयभीत देखकर श्री रघुनाथजी ने लक्ष्मण को इशारा किया। लक्ष्मण ने बड़ी फुर्ती से उसके नाक-कान काट दिए। वो अपने भाई खर-दूषण को पुकारती वहाँ से भागी।

शूर्पणखा - हे भाई! तुम्हारे पौरुष को धिक्कार है, तुम्हारे बल को धिक्कार है। मेरी ऐसी हालत करने वाले अभी तक जीवित हैं।

खर- क्या हुआ बहिन? तुम्हारे नाक और कान का ये हाल?

दूषण - किसने किया ऐसा? बताओ हमें...

अंतरिक्ष - शूर्पणखा ने पूरी बात बता दी। सब सुनकर उन्होंने राक्षस समूहों को आश्रम की तरफ रवाना कर दिया। राक्षसों की सेना आता देख श्रीराम ने जानकीजी को लक्ष्मण के साथ पर्वत की कंदरा में सुरक्षित

स्थान पाने को कह। सेना के समीप आते ही उन्होंने धनुष पर तीर चढ़ाया। 'पकड़ो-पकड़ो' पुकारते हुए राक्षस योद्धा दौड़ते हुए आए और उन्होंने रामजी को चारों ओर से घेर लिया। श्री राम ने पहले धनुष का घोर टंकार किया, फिर राक्षसों के हथियारों को तिल के समान टुकड़े-टुकड़े करके काट डाला। खर-दूषण का विध्वंस देखकर शूर्पणखा ने अपने भाई रावण के पास जाना तय किया।

(प्रकाश रावण के दरबार पर। वैभव और विलास के प्रतीक यहाँ-वहाँ दिख रहे हैं। मदिरापान के साथ नर्तकियों का नृत्य देखता रावण, अहंकार की प्रतिमूर्ति दिख रहा है। रागरंग में भंग तब पड़ता है, जब रोते बिलखते शूर्पणखा का प्रवेश होता है।)

शूर्पणखा - तूने देश और खजाने की सुध ही भुला दी। मदिरा पी लेता है और दिन-रात सोता रहता है। तुझे खबर नहीं है कि शत्रु तेरे सिर पर खड़ा है? (विलाप करके रोने लगती है) तेरे जीते जी मेरी क्या ऐसी दशा होनी चाहिए?

रावण - अपनी बात तो बता, तेरी ऐसी दशा किसने की? किसने तेरे नाक-कान काट लिए?

शूर्पणखा - अयोध्या के राजा दशरथ के पुत्र वन में हमारा शिकार करने आए हैं। मुझे ऐसा लगता है कि वे पृथ्वी से राक्षसों का नाम मिटा देंगे। 'राम' ऐसा उनमें से एक का नाम है। उनके साथ एक तरुणी सुंदर स्त्री है। विधाता ने उस स्त्री को ऐसी रूप की राशि बनाया है कि सौ करोड़ रति उस पर निछावर हैं। उन्हीं के छोटे भाई ने मेरे नाक-कान काट डाले। मैं तेरी बहिन हूँ, यह सुनकर वे मेरी हँसी उड़ाने लगे। मेरी पुकार सुनकर खर-दूषण सहायता करने आए। पर उन्होंने क्षण भर में सारी सेना को मार डाला।

रावण - हमारे होते हुए कोई ऐसा करना आरम्भ कर दे, इतना दुस्साहस? तुम धैर्य धरो। तुम्हारे भाई की भुजाओं में बल है। वो इस अपमान का बदला ले कर रहेगा।

(दृश्य परिवर्तन)

अंतरिक्ष - रावण ने शूर्पणखा को समझाकर अपने बल का बखान किया, किन्तु मन में चिंता ले कर वह अपने महल गया, उसे रात भर नींद नहीं आयी। उसने सोचा कि देवता, मनुष्य, असुर, नाग और पक्षियों में कोई ऐसा नहीं, जो उसके सेवक को भी पा सके। खर-दूषण तो मेरे ही समान बलवान थे। उन्हें भगवान के सिवा और कौन मार सकता है? उधर आश्रम में रामजी को पता था कि अब मनुष्य रूप में लीला का अगला कार्य करना होगा। एक दिन जब लक्ष्मणजी कंद-मूल-फल लेने के लिए वन में गए, तब रामजी ने जानकीजी से कहा कि अब वो मनुष्य लीला आरम्भ करेंगे, इसलिए जब तक राक्षसों का नाश हो, तब तक तुम अग्नि में निवास करो। सीताजी प्रभु के चरणों को हृदय में धरकर अग्नि में समा गईं। सीताजी ने अपनी ही छाया मूर्ति वहाँ रख दी, जो उनके जैसे ही स्वभाव और रूपवाली थी। की बुद्धि उल्टी चल रही थी। वो जा पहुँचा ताड़का के पुत्र मारीच के पास।

(दृश्य परिवर्तन)

मारीच - (नमन कर) तात! आपका मन किस कारण इतना अधिक व्यग्र है और आप अकेले आए हैं?

रावण - (पूरी कथा सुनाने के बाद) तुम छल करने वाले कपटमृग बनो, जिस उपाय से मैं उस राजवधू को हर लाऊँ।

मारीच - दशशीश सुनिए। वे मनुष्य रूप में चराचर के ईश्वर हैं। उनसे वैर न कीजिए। ये राजकुमार मुनि विश्वामित्र के यज्ञ की रक्षा के लिए गए थे। उस समय श्रीराम ने बिना फल का बाण मुझे मारा था, जिससे मैं क्षणभर में सौ योजन पर आ गिरा। उनसे वैर करने में भलाई नहीं है।

रावण - (क्रोध सहित) मूर्ख! तू गुरु की तरह मुझे ज्ञान सिखाता है? बता तो संसार में मेरे समान योद्धा कौन है? मेरी बात को टालने का बल तुझमें भी नहीं है।

(दृश्य परिवर्तन)

अंतरिक्ष - जब मारीच ने दोनों प्रकार से अपना मरण देखा, तब उसने सोचा कि दुष्ट रावण के हाथों मरने से बेहतर होगा कि वो श्रीराम के बाण से ही मरे। उधर रावण वन में आश्रम के पास पहुँचा, तब मारीच कपटमृग बन गया जिसका सोने का शरीर मणियों से जड़कर बनाया था। सीताजी ने उस सुंदर हरिण को देखा और वो मुग्ध हो गयीं।

(प्रकाश वन, आश्रम पर)

सीता - देव! सुनिए। देखिए उधर, वो स्वर्ण हरिण। उस की छाल बहुत ही सुंदर है। इसे पकड़ लाइए ना...

(रामजी ने कमर में फेंटा बांधा और हाथ में धनुष लेकर उस पर बाण चढ़ाया।)

राम - भाई लक्ष्मण! वन में बहुत से राक्षस फिरते हैं। मैं उस हरिण की तरफ जाता हूँ। तुम सीता की रखवाली करना।

(दृश्य परिवर्तन)

अंतरिक्ष - श्रीराम को आता देख हरिण भाग चला। वे भी धनुष चढ़ाकर उसके पीछे दौड़े। वह कभी निकट आ जाता और फिर दूर भाग जाता। इस प्रकार छल करता हुआ वो प्रभु को दूर ले गया। उसकी माया और झूठ को जानते हुए श्रीराम ने निशाना साधकर कठोर बाण मारा, जिसके लगते ही वह चिल्लाते हुए पृथ्वी पर गिर पड़ा। इस मुक्ति के समय मारीच मन में भले ही राम नाम जप रहा हो, लेकिन प्रकट में वो कोई और ही नाम ऊँची आवाज़ में बोल रहा था। सुनो! ध्यान से सुनो...

(लक्ष्मण! हे लक्ष्मण! दूर से, ऐसी आवाज़ आती है जिससे अंदाज़ लगाना मुश्किल कि ये मारीच बोल रहा है या श्री राम)

अंतरिक्ष - ये तो ऐसी आवाज़ आ रही है मानो राम जी खुद ही लक्ष्मण को बुला रहे हैं। मानो, वो किसी बड़ी विपत्ति में हैं और उनको सहायता चाहिए। सीता ने भी ये ही सोचा।

(वन-आश्रम का दृश्य जीवंत)

सीता - ये कैसी पुकार सुनी मैंने? लक्ष्मण, लगता है कोई बड़ी विपत्ति आई है। श्रीराम ने हरिण के पीछे जाते हुए कहा था कि वन में बहुत से राक्षस फिरते हैं। और अब, ये पुकार, मानो वो तुम्हें सहायता के लिए बुला रहें हों।

लक्ष्मण - हाँ माते, मैंने भी वो पुकार सुनी। लेकिन, श्री राम तो राक्षसों का काल हैं। कितना भी बलशाली राक्षस उन्हें विपत्ति में नहीं डाल सकता। मुझे कुछ शंका हो रही है।

सीता - (अधीर) ये समय शंका और सोच विचार का नहीं है लक्ष्मण। तुम्हारे भाई विपत्ति में हैं और तुम्हें तुरंत उनके पास, उनकी सहायता को

जाना चाहिए। (एक बार फिर लक्ष्मण! हा लक्ष्मण! का स्वर गूंजता है) ... सुनो! फिर वो ही पुकार!

लक्ष्मण - मैं सुन रहा हूँ माते, परन्तु ...

सीता - (अधीरता भरे क्रोध से) तुम अभी तक सुन ही रहे हो। क्या तुम इस निर्जन वन में अपने भाई की रक्षा नहीं करना चाहते? क्या तुम चाहते हो कि उन्हें कुछ हो जाए और मैं अकेली रह जाऊँ? ये शंका, और ना जाने का हठ! आखिर चाहते क्या हो तुम लक्ष्मण?

लक्ष्मण - (आहत स्वर) ये आपने क्या कह दिया माते! जाते हुए प्रभु ने मुझे आपकी रक्षा करने को कहा था। न जाने क्यों, मुझे ये पुकार उनके जैसी हो कर भी उनकी नहीं लगी। मेरे लिए उनसे प्रिय कोई नहीं। परन्तु आप को यहाँ छोड़ कर जाना भी उन्हीं की आज्ञा का उल्लंघन होगा।

सीता - ये समय अपनी भावनाओं का बखान करने का नहीं है लक्ष्मण। या तो तुम जाओ। या त्याग दो ये धनुष-बाण। मैं देव की रक्षा करने खुद चली जाती हूँ। (पार्श्व में रह रह कर हे लक्ष्मण की ध्वनि बहुत दूर से आती प्रतीत होती है)

लक्ष्मण - (हाथ जोड़ते हुए) नहीं माते, नहीं। आप ऐसा मत करें। मैं अभी, इसी समय निकलता हूँ। (जाते जाते, कुछ सोच कर वापस आते हैं) भैया ने मुझे आपकी रक्षा का काम सौंपा था। और अब मुझे आपको इस निर्जन वन में अकेले छोड़ कर जाना पड़ रहा है। (तीर की नोक से अर्धचन्द्राकार घेरा आश्रम के प्रवेश द्वार पर बनाते हुए) मेरी एक विनती है आप से। मेरे जाने के बाद इस रेखा के भीतर ही रहें। प्रभु कृपा से ये लक्ष्मण रेखा आपको सुरक्षित रखेगी।

(दृश्य परिवर्तन)

अंतरिक्ष - उधर लक्ष्मण जी रवाना हुए और इधर रावण सूना मौका देखकर संन्यासी के वेष में आश्रम पहुँच गया। भिक्षा लेने के बहाने उसने बोलना शुरू किया। जब देवी सीता ने लक्ष्मण रेखा के भीतर से ही भिक्षा देने की बात की, तो उसने बनावटी क्रोध कर सन्यासी के सम्मान की बात कहते हुए उन्हें लक्ष्मण रेखा लांघने पर मजबूर कर दिया। जीवन में जब भी लगे कि हम मान, मर्यादा छोड़ कर कोई लक्ष्मण रेखा लांघ रहे हो, तो ध्यान रहे... कोई दुर्भाग्य रुपी रावण हम पर घात लगा सकता है। सीता ने लक्ष्मण रेखा लांघी और देखते ही देखते रावण अपने असली रूप में आ गया। रावण ने अपना नाम सुनाया तब सीताजी भयभीत हो गईं। क्रोध में भरकर रावण ने सीताजी को रथ पर बैठा लिया और आकाश मार्ग से दक्षिण की तरफ उड़ चला। सीताजी विलाप कर रही थीं... गिद्धराज जटायु ने सीताजी की दुःखभरी वाणी सुनकर उन्हें पहचान लिया।

(दृश्य परिवर्तन)

जटायु - (रथ के समक्ष उड़ान भरते हुए) हे सीते पुत्री! भय मत कर। मैं इस राक्षस का नाश करूँगा। रावण! मेरी सीख सुन। जानकीजी को छोड़कर कुशलपूर्वक अपने घर चला जा। नहीं तो तेरा सारा वंश भस्म हो जाएगा।

(दृश्य परिवर्तन)

अंतरिक्ष - रावण ने कोई उत्तर नहीं दिया, रथ वायु वेग से उड़ता रहा। जटायु ने रावण पर चोंच से प्रहार करने शुरू किए। एक क्षण को रावण बेसुध हुआ लेकिन फिर क्रोधित होकर उसने कटार निकाली और जटायु के पंख काट डाले। रामजी का स्मरण करके जटायु भूमि पर गिर पड़ा।

सीताजी आकाश में विलाप करती हुई जा रही हैं। पर्वत पर बैठे हुए बंदरों को देखकर सीताजी ने हरिनाम लेकर वस्त्र डाल दिया। लंका नगरी ले जा कर उसने सीता को अशोक वन में रखा। उधर श्रीराम ने लक्ष्मणजी को आते देखकर चिंता की...

(दृश्य परिवर्तन)

राम - हे भाई! तुमने जानकी को अकेली छोड़ दिया और मेरी आज्ञा का उल्लंघन कर यहाँ चले आए! राक्षसों के झुंड वन में फिरते रहते हैं। मेरे मन में ऐसा आता है कि सीता आश्रम में नहीं है।

लक्ष्मण - (हाथ जोड़कर) ऐसा मत कहिये नाथ। मैं उन्हें सुरक्षित कर आप को खोजने निकला था। (लक्ष्मणज सहित रामजी आश्रम पहुँचे, सीते! सीते! की पुकार लगायी। आश्रम में सीता जी को नहीं देखकर साधारण मनुष्य की भाँति व्याकुल हो विलाप करने लगे)

राम - हा जानकी! हा सीते! तुम कहाँ हो? हे पक्षियों! हे पशुओं! हे भौंरों की पंक्तियों! तुमने कहीं मृगनयनी सीता को देखा है?

(दृश्य परिवर्तन)

अंतरिक्ष - आगे जाने पर उन्होंने जटायु को भूमि पर पड़ा देखा। श्रीराम ने उसके सिर का स्पर्श किया। रामजी का मुख देखकर उसकी पीड़ा जाती रही।

(दृश्य परिवर्तन)

जटायु - (कराहते हुए) हे श्री राम! सुनिए। रावण ने मेरी यह दशा की है। उसी दुष्ट ने जानकीजी को हर लिया है। वो उन्हें दक्षिण दिशा की और

ले कर गया है। मैं आप की प्रतीक्षा में अपने प्राणों को रोके हुए था। अब आप आ गए हैं तो मैं आपके स्पर्श से मोक्ष पा सकूंगा।

(दुःखी परन्तु शांत भाव से राम जटायु के शरीर पर स्नेह का हाथ फेरते हैं)

राम - हे तात! सीता हरण की बात आप उस लोक जा कर जाकर पिता जी से न कहिएगा। (संकल्प सहित) यदि मैं राम हूँ तो शीघ्र ही रावण अपने कुटुम्ब सहित वहाँ आकर स्वयं ही कहेगा।

(दृश्य परिवर्तन)

अंतरिक्ष - अखंड भक्ति का वर मांगकर जटायु परमधाम को चला गया। श्री राम ने उसकी अंतिम क्रियाएँ कीं। फिर दोनों भाई सीताजी को खोजते हुए आगे चले। आगे चल कर वे शबरी के आश्रम में पधारे। सिर पर जटाओं का मुकुट और हृदय पर वनमाला धारण किए हुए दोनों भाइयों के चरणों में वो लिपट पड़ीं। उन्होंने जल से दोनों के चरण धोए और सुंदर आसनों पर बैठाया। उन्होंने अत्यंत रसीले और स्वादिष्ट कन्द, मूल और फल लाकर श्री रामजी को दिए। प्रभु ने बार-बार प्रशंसा करके उन्हें प्रेम सहित खाया।

(शबरी के आश्रम का दृश्य)

राम - हे भामिनि! अब यदि तुम जानकी की कुछ खबर जानती हो तो बताओ।

शबरी - हे रघुनाथ! आप पंपा नामक सरोवर को जाइए। वहाँ आपकी सुग्रीव से मित्रता होगी। वह सब हाल बताएगा।

(दृश्य परिवर्तन)

अंतरिक्ष - लक्ष्मण-रामजी पंपा नामक सुंदर और गहरे सरोवर के तीर पर गए। वहाँ से ऋष्यमूक पर्वत के निकट पहुंचे। इस पर्वत पर मंत्रियों सहित सुग्रीव रहते थे। इन भाईयों को आता देख सुग्रीव अत्यंत भयभीत होकर हनुमान से बोले।

सुग्रीव - हे हनुमान्! सुनो, दिखने में ये दोनों पुरुष वनवासी लग रहे हों, परन्तु मुझे इनके रूप और बल को ले कर कुछ संशय है। तुम ब्रह्मचारी का रूप धारण करके जाकर देखो। उनके मन की बात जानकर मुझे इशारे से समझाकर कह देना। यदि वे मेरे दुष्ट भाई बालि के भेजे हुए हों तो मैं तुरंत ही इस पर्वत को छोड़कर भाग जाऊँ।

(हनुमान ब्राह्मण का रूप धरकर वहाँ गए। मस्तक नवाकर संवाद शुरू किया)

हनुमान - हे वीर! आप कौन हैं जो क्षत्रिय के रूप में वन में फिर रहे हैं? आपके सुंदर, कोमल अंग हैं और आप वन के दुःसह धूप और वायु को सह रहे हैं... कौन हैं आप?

राम - हम कोसलराज दशरथ के पुत्र हैं और पिता का वचन मानकर वन आए हैं। हमारे राम-लक्ष्मण नाम हैं। यहाँ वन में राक्षस ने मेरी पत्नी जानकी को हर लिया। हम उसे ही खोजते फिरते हैं। हे ब्राह्मण! तुम कौन हो? अपना परिचय दो।

(प्रभु को पहचानकर हनुमान ने उनके चरण पकड़ लिए। शरीर पुलकित है, मुख से वचन नहीं निकलता)

हनुमान - स्वामी! मैंने वर्षों के बाद आपको देखा, वह भी तपस्वी के वेष में और मेरी वानरी बुद्धि... मैं तो आपको पहचान न सका। अपनी

परिस्थिति के अनुसार मैंने आपसे पूछा। परंतु आप मनुष्य की तरह कैसे पूछ रहे हैं? हे दीनबंधु भगवान्! आप ने भी मुझे भुला दिया!

(ऐसा कहकर हनुमान अकुलाकर प्रभु के चरणों पर गिर पड़े, उन्होंने अपना असली शरीर प्रकट कर दिया। तब श्री राम ने उन्हें उठाकर हृदय से लगा लिया। चारों ओर मधुर संगीत गूंज उठा)

राम - कपि! सुनो, मन छोटा न करना। तुम मुझे लक्ष्मण से भी प्रिय हो। सब कहते हैं कि मुझ समदर्शी के लिए न कोई प्रिय है न अप्रिय। पर मुझको सेवक प्रिय है, क्योंकि मुझे छोड़कर उसको कोई दूसरा सहारा नहीं होता।

हनुमान - नाथ! आपके सिवा मेरा कौन सहारा? मेरी एक विनती है। इस पर्वत पर वानरराज सुग्रीव रहते हैं, वो भी आपका दास है। आप उससे मित्रता कीजिए और निर्भय कर दीजिए। वह सीताजी की खोज करवाएगा और जहाँ-तहाँ वानरों को भेजेगा।

(दृश्य परिवर्तन)

अंतरिक्ष - सुग्रीव को शुभ संकेत दे, हनुमान जी ने श्री राम-लक्ष्मण दोनों को पीठ पर चढ़ा लिया और जा पहुँचे ऋष्यमूक पर्वत। (बैकग्राउंड में अंतरिक्ष के वर्णन के अनुरुप दृश्य जारी) सुग्रीव मस्तक नवाकर आदर सहित मिले। हनुमान ने दोनों ओर का परिचय दे कर अग्नि की साक्षी में प्रीति जोड़ दी। तब लक्ष्मणजी ने वन गमन और सीता हरण की बात बताई।

सुग्रीव - (सजल नेत्र) हे नाथ! मिथिलेशकुमारी जानकीजी मिल जाएँगी। (सोचते हुए) लेकिन मुझे याद आ रहा है। एक बार मैं यहीं, अपने मंत्रियों के साथ बैठा हुआ कुछ विचार कर रहा था। तब मैंने शत्रु वश में विलाप

करती देवी को आकाश मार्ग से ले जाते देखा था। हमें देखकर उन्होंने 'राम! राम! हा राम!' पुकारकर वस्त्र गिरा दिया था।

राम - वस्त्र गिरा दिया था? कौनसा वस्त्र?

सुग्रीव - (वस्त्र मंगवा कर देते हुए) ये वस्त्र। मुझे लगता है, वो देवी माता सीता ही थीं।

राम - (पीड़ा के भाव, नेत्र मूंदे हुए) हाँ सुग्रीव, वो सीता ही थी।

सुग्रीव - हे रघुवीर! सोच छोड़, मन में धीरज लाइए। मैं सब उपाय लगा दूंगा जिनसे जानकीजी आकर आपको मिलें।

राम - (शांत, मुस्कराते हुए) सुग्रीव! मुझे ये बताओ, तुम वन में किस कारण रहते हो?

सुग्रीव - हे नाथ! बालि और मैं दो भाई हैं। (बैकग्राउंड में इस वर्णन के अनुरुप दृश्य) हम दोनों में ऐसी प्रीति थी कि वर्णन नहीं की जा सकती। एक बार हमारे नगर में मय दानव का पुत्र मायावी आया। उसने आधी रात को नगर द्वार पर आकर ललकारा। बालि शत्रु ललकार को सह नहीं सका। वो दौड़ा, उसे देखकर मायावी भागा। मैं भी भाई के संग चला गया। मायावी एक पर्वत की गुफा में जा घुसा। तब बालि ने मुझे कहा कि वो गुफा में जा रहा है, उस दानव से युद्ध करने। मुझे पंद्रह दिन तक प्रतीक्षा करने को कहा। और ये भी कहा कि अगर उतने दिनों में वो न आए, तो मैं जान लूँ कि बालि मारा गया। मैं वहाँ महीने भर तक रहा। एक दिन उस गुफा में से रक्त की बड़ी धारा निकली। मैंने समझा कि दानव ने बालि को मार डाला और अब आकर मुझे मारेगा। इसलिए मैं गुफा के द्वार पर एक शिला लगाकर भाग आया। मंत्रियों ने नगर को बिना राजा देख, मुझे जबर्दस्ती राज्य दे दिया। कुछ दिन बाद बालि उसे मारकर नगर आया तो

मुझे राजसिंहासन पर देख उसने ये समझा कि यह राज्य के लोभ से ही मैं गुफा के द्वार पर शिला दे आया था, जिससे वो बाहर न निकल सके मैं राज्य पा सकूँ। उसने मुझे बहुत मारा... मेरा सर्वस्व, मेरी स्त्री को भी छीन लिया। हे रघुवीर! मैं उसके भय से यहाँ वन-पर्वत पर बेहाल होकर फिर रहा हूँ।

राम - (क्षोभ सहित) सुग्रीव! बालि ने तुम्हारे साथ अन्याय किया। उसे उसका परिणाम मिलेगा।

(दृश्य परिवर्तन)

अंतरिक्ष - तब श्रीराम ने सुग्रीव को बालि के पास भेजा। रामजी का बल पाकर वो बालि के पास गया और गर्जना की। बालि सुनते ही क्रोध में भरकर दौड़ा। दोनों भिड़ गए। बालि ने सुग्रीव को घूँसा मारा तो ऐसा लगा मानो बिजली गिरी हो। सुग्रीव वापस श्रीराम के पास भागा।

सुग्रीव - मैंने आपसे पहले ही कहा था कि बालि मेरा भाई नहीं है, काल है। आपने भी उसके आघात से मेरी रक्षा नहीं की।

राम - तुम दोनों भाइयों का एक सा ही रूप है। इसी भ्रम से मैंने तीर नहीं चलाया। ये माला तुम पहन लो (फूलों की माला पहनाते हैं) इससे मुझे दोनों में भेद करने में सहजता होगी।

(दृश्य परिवर्तन)

अंतरिक्ष - माला के बहाने श्री राम ने सुग्रीव को बल दे दिया। वो वापस जा पहुंचा बालि के पास दोनों में तगड़ी लड़ाई हुई। अंत में रामजी ने बालि पर बाण चलाया। भूमि पर गिरे हुए बालि ने प्रभु को आते देखा तो मानो प्राण जाते जाते ठहर गए।

बालि - आपने धर्म की रक्षा के लिए अवतार लिया है और मुझे शिकारी की तरह छिपकर! मारा? मैं बैरी और सुग्रीव प्यारा? हे नाथ! किस दोष से आपने मुझे मारा?

राम - बालि! सुनो, छोटे भाई की स्त्री, बहिन, पुत्र की स्त्री और कन्या- ये चारों समान हैं। इनको जो कोई बुरी दृष्टि से देखता है, उसको उचित दंड मिलना निश्चित है।

बालि - मुझे मेरे कर्मों का फल मिला। लेकिन संयोग देखिए, जन्म जन्म तक ऋषि मुनि जिनको भजते रहते हैं, वो श्री राम अंत समय में मेरे सामने हैं, ये ही मेरा मोक्ष है।

(ऐसा कह कर बालि ने शरीर त्याग दिया...)

अंतरिक्ष - श्रीराम के आदेश पर लक्ष्मण नगर में पहुँचे और सुग्रीव को राज पद तथा बालि के पुत्र अंगद को युवराज पद दे दिया। सुग्रीव को राज्य दे कर वे पास ही पर्वत पर रहने लगे। राजकाज के बीच सुग्रीव श्रीराम से किया अपना वादा भूल गया। वादा था सीता माता का पता लगाने का। गर्मियाँ बीतीं, वर्षा ऋतु भी आकर बीत गयी और शरद्‌ऋतु आ गई। राज्य, खजाना, नगर और स्त्री पा कर सुग्रीव ने भी जैसे उनकी सुध भुला दी। तब हनुमान सुग्रीव के पास पहुंचे और उसे भय दिखाया। सुग्रीव तुरंत हरकत में आये और आसपास रहने वाले असंख्य वानर समूहों को बुलावा भेजा। वानरों को साथ लेकर सुग्रीव रामजी के पास पहुँचा।

सुग्रीव - हे वानर समूहों! जो मैंने आप सभी को समझाया वो श्री रामचंद्रजी का कार्य है और मेरा अनुरोध है, तुम चारों ओर जाओ और जाकर जानकीजी को खोजो। आप को एक माह का समय दिया जाता

है। बिना पता लगाए लौटने पर मृत्यु ही हम सभी का पुरस्कार होगी। हे नील, अंगद, जांबवंत और हनुमान! तुम सब मिलकर दक्षिण दिशा को जाओ और सीताजी का पता लगाओ।

(सभी के साथ हनुमान जी ने राम जी को सिर नवाया। प्रभु ने अपने हाथ की अंगूठी उतारकर उन्हें दी।)

राम - तुम जब सीता से मिलो तब उनको कहना कि मैं शीघ्र उनसे मिलूंगा।

(दृश्य परिवर्तन)

अंतरिक्ष - वानर दलों ने सभी दिशाओं में खोज का काम शुरू कर दिया। समय बीतने लगा, लेकिन किसी को सफलता नहीं मिली। वे सभी दुःखी थे। वापस खाली हाथ लौटते भी नहीं बनता था। उन्हें पता था कि वहाँ जाने पर सुग्रीव सभी को मार डालेंगे। एक पर्वत की कंदरा में ये दल विश्राम कर रहा था कि गिद्ध सम्पाती ने इन्हें देख लिया। वो इन्हें अपना भोजन मान कर झपटा। अंगद ने बड़ी चतुराई से उसको जटायु की बात सुनाई। भाई जटायु की कथा सुन उसने वानर दाल की सहायता का वचन दिया। सभी समुद्र ते किनारे पहुँच गए।

(सागर की लहरों का शोर। पृष्ठभूमि में वानर और रीछ के स्वर)

सम्पाती - हे वीर वानरों! सुनो, हम दोनों भाई जवानी में एक बार आकाश में उड़कर सूर्य के निकट चले गए। जटायु तेज नहीं सह सका, इससे लौट आया। मैं अभिमानी था इसलिए सूर्य के पास चला गया। उस ताप से मेरे पंख जल गए। मुनि रूप में आए चन्द्रमा ने मुझे शीतल किया और कहा कि त्रेतायुग में साक्षात् परब्रह्म मनुष्य शरीर धारण करेंगे। उनकी स्त्री को राक्षसों का राजा हर ले जाएगा। उसकी खोज में प्रभु दूत

भेजेंगे जिनसे मिल कर तू पवित्र हो जाएगा। मुनि की वह वाणी आज सत्य हुई।

अंगद - यदि ऐसा ही है तो आप हमें बताएं कि माता सीता कहाँ मिलेंगी।

सम्पाती - हम गिद्धों को कई योजन तक देख लेने का वरदान प्राप्त है। मेरी आँखें अब वृद्धावस्था के कारण उतनी तेज नहीं रही हों, लेकिन प्रभु कृपा से मुझे साफ़ साफ़ दिख रहा है। (दक्षिण दिशा में देख कर, जैसे किसी स्थान का सजीव वर्णन कर रहा हो) त्रिकूट पर्वत पर लंका बसी हुई है। वहाँ रावण रहता है। वहीं अशोक नाम का उपवन है, जहाँ सीताजी रहती हैं। इस समय, वे सोच में मग्न बैठी हैं। मैं बूढ़ा होने के कारण समुद्र लांघने जितनी उड़ान नहीं भर सकता। तुम में से जो सौ योजन समुद्र लाँघ सके, वही श्री राम का कार्य कर सकेगा।

(इतना कह कर सम्पाती ने प्रस्थान किया)

जांबवंत - मैं भी बूढ़ा हो गया। शरीर में पहले वाले बल का लेश भी नहीं रहा।

अंगद - मैं पार तो चला जाऊँगा, परंतु लौटते समय के लिए मन में संदेह है।

जांबवंत - (हनुमान को देख कर) हे हनुमान्! सुनो, तुमने यह क्या चुप साध रखी है? तुम पवन के पुत्र हो और बल में पवन के समान हो। तुम बुद्धि-विवेक और विज्ञान की खान हो। जगत् में कौन सा ऐसा कठिन काम है जो हे तात! तुमसे न हो सके। रामजी के कार्य के लिए ही तुम्हारा अवतार हुआ है।

अंतरिक्ष - यह सुनते ही हनुमान पर्वत के आकार के, अत्यंत विशालकाय हो गए। उनका सोने का सा रंग है, शरीर पर तेज सुशोभित है, मानो दूसरा पर्वतों का राजा सुमेरु हो। उन्होंने बार-बार सिंहनाद करके जैसे अपने बल की उद्घोषणा की।

अंतरिक्ष - यह सुनते ही हनुमान पर्वत के आकार के, अत्यंत विशालकाय हो गए। उनका सोने का सा रंग है, शरीर पर तेज सुशोभित है, मानो दूसरा पर्वतों का राजा सुमेरु हो। उन्होंने बार-बार सिंहनाद करके जैसे अपने बल की उद्घोषणा की।

विजय लीला

हनुमान - मैं इस खारे समुद्र को खेल में ही लाँघ सकता हूँ। सहायकों सहित रावण को मारकर त्रिकूट पर्वत को उखाड़कर यहाँ ला सकता हूँ। हे जांबवंत! तुम मुझे उचित सीख देना कि मुझे क्या करना चाहिए।

जांबवंत - हे तात! तुम जाकर इतना ही करो कि सीताजी को देखकर लौट आओ और उनकी खबर कह दो। फिर श्री राम ही राक्षसों का संहार कर सीताजी को ले आएंगे।

हनुमान - हे भाई! तुम लोग दुःख सहकर, कन्द-मूल-फल खाकर तब तक मेरी राह देखना जब तक मैं सीताजी को देखकर लौट न आऊँ। काम अवश्य होगा, क्योंकि मुझे मन में हर्ष हो रहा है।

अंतरिक्ष - समुद्र के तीर पर एक सुंदर पर्वत था। हनुमान कूदकर उसके ऊपर जा चढ़े और बारम्बार श्रीराम का स्मरण करके बड़े वेग से उछले...

(स्क्रीन पर हनुमान जी के समुद्र पार करने का दृश्य जीवंत है तब पृष्ठभूमि में कोरस का संगीतमय स्वर गूंज उठता है)

समूह स्वर में गान

बार-बार रघुबीर सँभारी।
तरकेउ पवनतनय बल भारी।

जेहि गिरि चरन देइ हनुमंता।
चलेउ सो गा पाताल तुरंता॥

जिमि अमोघ रघुपति कर बाना।
एही भाँति चलेउ हनुमाना॥

जात पवनसुत देवन्ह देखा।
जानैं कहुँ बल बुद्धि बिसेषा॥

सुरसा नाम अहिन्ह कै माता।
पठइन्हि आइ कही तेहिं बाता॥

आजु सुरन्ह मोहि दीन्ह अहारा।
सुनत बचन कह पवनकुमारा॥

राम काजु करि फिरि मैं आवौं।
सीता कइ सुधि प्रभुहि सुनावौं॥

तब तव बदन पैठिहउँ आई।
सत्य कहउँ मोहि जान दे माई॥

कवनेहुँ जतन देइ नहिं जाना।
ग्रससि न मोहि कहेउ हनुमाना॥

जोजन भरि तेहिं बदनु पसारा।
कपि तनु कीन्ह दुगुन बिस्तारा॥

सोरह जोजन मुख तेहिं ठयऊ।
तुरत पवनसुत बत्तिस भयऊ॥

जस जस सुरसा बदनु बढ़ावा।
तासु दून कपि रूप देखावा॥

सत जोजन तेहिं आनन कीन्हा।
अति लघु रूप पवनसुत लीन्हा॥

बदन पइठि पुनि बाहेर आवा।
मागा बिदा ताहि सिरु नावा॥

मोहि सुरन्ह जेहि लागि पठावा।
बुधि बल मरमु तोर मैं पावा॥

राम काजु सबु करिहहु तुम्ह बल बुद्धि निधान।
आसिष देइ गई सो हरषि चलेउ हनुमान॥

अंतरिक्ष - और इस तरह बजरंगबली लंका जा पहुंचे।

समूह स्वर में गान

गिरि पर चढ़ि लंका तेहिं देखी।
कहि न जाइ अति दुर्ग बिसेषी॥

अति उतंग जलनिधि चहुँ पासा।
कनक कोट कर परम प्रकासा॥

अति लघु रूप धरेउ हनुमाना।
पैठा नगर सुमिरि भगवाना॥

मंदिर मंदिर प्रति करि सोधा।
देखे जहँ तहँ अगनित जोधा॥

गयउ दसानन मंदिर माहीं।
अति बिचित्र कहि जात सो नाहीं॥

सयन किएँ देखा कपि तेही।
मंदिर महुँ न दीखि बैदेही॥

भवन एक पुनि दीख सुहावा।
हरि मंदिर तहँ भिन्न बनावा॥

लंका निसिचर निकर निवासा।
इहाँ कहाँ सज्जन कर बासा॥

मन महुँ तरक करैं कपि लागा।
तेहीं समय बिभीषनु जागा॥

राम राम तेहिं सुमिरन कीन्हा।
हृदयँ हरष कपि सज्जन चीन्हा॥

बिप्र रूप धरि बचन सुनाए।
सुनत बिभीषन उठि तहँ आए॥

करि प्रनाम पूँछी कुसलाई।
बिप्र कहहु निज कथा बुझाई॥

(दृश्य परिवर्तन)

अंतरिक्ष - लंका में हनुमान जी ने विभीषण को सभी से अलग पाया। उन्होंने रामजी की कथा कहकर अपना नाम बताया। विभीषण ने माता सीता के दर्शन की युक्ति बताई। हनुमान जी लघु रूप धरकर वहाँ गए, जहाँ अशोक वाटिका में सीताजी रहती थीं।

(सीताजी को देखकर हनुमान ने उन्हें मन ही में प्रणाम किया। सीता जी का शरीर दुबला हो गया है, सिर पर जटाओं की एक वेणी है। हृदय में श्री राम का स्मरण कर रही हैं। तभी रावण वहाँ आता है)

रावण - हे सुमुखि! हे सयानी! सुनो! मंदोदरी आदि सब रानियों को मैं तुम्हारी दासी बना दूंगा । यह मेरा प्रण है। तुम एक बार मेरी ओर देखो तो सही!

सीता - (बिना रावण की ओर देखे) हे दशमुख! सुन, जुगनू के प्रकाश से कभी कमलिनी खिल सकती है? दुष्ट! तुझे श्री रघुवीर के बाण की खबर नहीं है। तू मुझे सूने में हर लाया है। अधम! निर्लज्ज! तुझे लज्जा नहीं आती?

रावण - (तलवार निकालकर गुस्से में) सीता! तूने मेरा अपनाम किया है। मैं तेरा सिर इस कठोर कृपाण से काट डालूंगा। अब भी जल्दी मेरी बात मान ले। नहीं तो जीवन से हाथ धोना पड़ेगा।

सीता - प्रभु की भुजा जो श्याम कमल की माला के समान सुंदर और हाथी की सूंड के समान पुष्ट है, या तो वह भुजा ही मेरे कंठ में पड़ेगी या तेरी भयानक तलवार ही। यही मेरा सच्चा प्रण है।

(ये सुनते ही वह मारने दौड़ा। मन्दोदरी ने उसे रोका। तब रावण ने दासियों को बुलाकर कहा)

रावण - तुम लोग सीता को मेरा भय दिखलाओ। यदि महीने भर में यह कहा न माने तो मैं इसे मार डालूंगा।

(दृश्य परिवर्तन)

अंतरिक्ष - ऐसा कहकर रावण चला गया। अब राक्षसियों के समूह बुरे रूप धरकर सीताजी को भय दिखलाने लगे। इसके बाद वे भी चली गईं। सीताजी मन में सोच करने लगीं कि एक महीना बीत जाने पर नीच राक्षस रावण मुझे मारेगा। रामजी की भक्ति करने वाली एक राक्षसी त्रिजटा बची।

सीताजी - त्रिजटा! तू मेरी विपत्ति की संगिनी है। जल्दी कोई ऐसा उपाय कर जिससे मैं शरीर छोड़ सकूँ। विरह असह्य हो चला है, अब यह सहा नहीं जाता। लकड़ी लाकर चिता बनाकर उसमें आग लगा दे।

त्रिजटा - हे सुकुमारी! थोड़ा सा धीरज रखो। वैसे भी रात्रि के समय आग कहाँ मिलेगी!

(ऐसा कहकर वह चली गयी)

सीताजी - हे अशोक वृक्ष! मेरी विनती सुन। मेरा शोक हर ले और अपना नाम सिद्ध कर। तेरे नए-नए कोमल पत्ते अग्नि के समान हैं। अग्नि दे, विरह रोग को अब और ना बढ़ा।

(दृश्य परिवर्तन)

अंतरिक्ष - सीताजी को विरह से परम व्याकुल देखकर वह क्षण हनुमान को कई सौ सालों जितना लम्बा लगा। हृदय में विचार कर उन्होंने सीताजी के सामने अंगूठी डाल दी। राम-नाम अंकित सुंदर अंगूठी पहचानकर

सीताजी आश्चर्यचकित होकर उसे देखने लगीं। सीताजी के मन में हर्ष-विषाद अनेक विचार चल रहे थे। इसी समय हनुमान मधुर वचन बोले…

हनुमान - माता, मैं रामजी का भेजा गया दूत हूँ। मुझे उन्होंने आपका पता भेजा है। ये अंगूठी उन्होंने मुझे एक पहचान के रूप में आपको दिखाने के लिए दी थी। अगर रघुपति को आपका पहले पता होता तो इतना भी विलम्ब नहीं होता।

सीता - (भावुकता से) हे तात हनुमान्! विरहसागर में डूबती हुई मुझको तुम जहाज हुए।

हनुमान - हे माता! प्रभु भाई लक्ष्मणजी के सहित शरीर से कुशल, परंतु आपके दुःख से दुःखी हैं। आप मन छोटा मत कीजिए।

सीता - मेरे हृदय में संदेह है कि वानरों की सेना से वो राक्षसों को कैसे जीतेंगे।

हनुमान - आपकी संतुष्टि के लिए, मुझे आप अपना शरीर प्रकट करने की आज्ञा दीजिये।

(हनुमान ने अपना अत्यंत विशाल शरीर था, जो युद्ध में शत्रुओं के हृदय में भय उत्पन्न करने वाला, अत्यंत बलवान शरीर प्रकट किया। उसे देख सीताजी के मन में विश्वास हुआ। उन्होंने फिर छोटा रूप धारण कर लिया। सीताजी ने उन्हें आशीर्वाद दिया)

हनुमान - माता! सुंदर फल वाले वृक्ष देख मुझे भूख लग आई।

सीता - पुत्र! योद्धा राक्षस इस वन की रखवाली करते हैं। लेकिन तुम बुद्धि और बल में निपुण हो, जाओ। प्रभु चरण हृदय धारण कर मीठे फल खाओ।

अंतरिक्ष - अब हनुमान जी गए, फल खाए और वृक्षों को तोड़ने लगे। वहाँ बहुत से पहरेदार जो वहाँ पहुँच गए। हनुमान जी तो चाहते ही ये थे। आखिर जाने से पहले कुछ सन्देश रावण को भी तो देना था। उन्होंने पहरेदारों को मारना शुरू किया तो बेचारों ने जा कर रावण के दरबार में गुहार लगायी।

(रावण दरबार का दृश्य। भागते हुए रक्षक हाज़िर होते हैं। भय और करुणा से भरे हुए)

रक्षक1 - रक्षा कीजिए लंकापति, रक्षा! हे नाथ! एक बड़ा बंदर आया है। उसने अशोक वाटिका उजाड़ डाली।

रक्षक2 - उसने फल खाए, वृक्षों को उखाड़ डाला और रखवालों को उठा उठा जमीन पर पटक दिया।

(दृश्य परिवर्तन)

अंतरिक्ष - ये सुनते ही रावण ने अपने योद्धा भेजे। लगभग सारे ही मार डाले गए। जो बचे, उन्होंने वापस जा कर पुकार लगाई। इस बार रावण ने पुत्र अक्ष कुमार को भेजा। वो भी मारा गया। पुत्र वध का समाचार सुन रावण बहुत क्रोधित हुए। उसने दूसरे पुत्र बलवान मेघनाद को भेजा। ये कह कर कि इस बंदर में कुछ विशेष बात है। इसको मारना नहीं। बांध कर ले आना। राक्षसों को मारते हुए हनुमान जी अब मेघनाद से भिड गए। उन्होंने उसे एक घूँसा ऐसा मारा कि कुछ क्षण के लिए वो बेहोश हो गया। लेकिन फिर संभल कर मेघनाद ने ब्रह्मास्त्र हनुमान जी की तरफ चलाने के लिए उठाया तब हनुमान ने सोचा कि अगर ब्रह्मास्त्र को नहीं मानता हूँ तो उसकी महिमा मिट जाएगी। ब्रह्मास्त्र के लगने के बाद वो ज़मीन पर गिर गए तो मेघनाद उन्हें नागपाश से बांधकर रावण की सभा में ले गया।

रावण बहुत शक्तिशाली था। उसके सामने देवता भी डर से हाथ जोड़े खड़े हो जाते थे। लेकिन हनुमान बंधे हुए हो कर भी ऐसे निडर खड़े थे जैसे साँपों के झुंड में गरुड़ निर्भय रहते हैं।

(प्रकाश रावण के महल पर)

रावण - (हनुमान को देख कर हँसता हुआ) अरे! ये बंदर इतनी देर से उत्पात मचा रहा था? ये बंदर! (फिर जैसे पुत्र की मृत्यु याद आयी और वो क्रोध से भर गया) अरे वानर! तू कौन है? किसके बल पर तूने वन को उजाड़ डाला? क्या तूने कभी मेरा नाम नहीं सुना?

हनुमान - (शांत भाव से) हे रावण! सुन, जिनका बल पाकर माया संपूर्ण ब्रह्मांड समूहों की रचना करती है। जो देवताओं की रक्षा के लिए देह धारण करते हैं और तुम्हारे जैसे मूर्खों को शिक्षा देने वाले हैं। जिन्होंने शिवजी के धनुष को तोड़ डाला। जिनकी प्रिय पत्नी को तुम चोरी से हर लाए हो, मैं उन्हीं का दूत हूँ। तुम्हारा नाम जानता हूँ या नहीं, ये भी तुमने पूछा है। तो तुम्हें बता दूँ, कि मैं तुम्हारी प्रभुता को खूब जानता हूँ। सहस्रबाहु से तुम्हारी लड़ाई हुई थी और बालि से युद्ध करके तुमने यश प्राप्त किया था।

(रावण थोड़ा चौंका लेकिन फिर खिसियानी हँसी में जैसे बात उड़ाने की कोशिश करने लगा)

हनुमान - आगे सुनो। मुझे भूख लगी थी, इसलिए मैंने फल खाए और स्वभाव से बन्दर हूँ, इसलिए पेड़ तोड़े। अपनी देह सबको प्रिय है। राक्षस जब मुझे मारने लगे, तब जिन्होंने मुझे मारा, उनको मैंने भी मारा। फिर तुम्हारे पुत्र ने मुझको बांध लिया। मुझे अपने बांधे जाने में कुछ भी लज्जा नहीं है। मैं तो अपने प्रभु का कार्य करने आया हूँ। तुम अभिमान छोड़

मेरी सीख सुनो। काल भी जिनके डर से अत्यंत डरता है, उनसे वैर न करो और मेरे कहने से जानकीजी को दे दो।

रावण - (व्यंग्य से) हमें यह बंदर बड़ा ज्ञानी गुरु मिला! (अचानक गुस्से से उबलते हुए) दुष्ट! तेरी मृत्यु निकट आ गई है। तू मुझे शिक्षा देने चला है!

हनुमान - मेरी मृत्यु? इससे उलटा ही होगा। एक बात तो मैंने जान ली है कि तुम्हारी बुद्धि फिर गई है।

रावण - (आगबबूला) इस मूर्ख का प्राण शीघ्र ही क्यों नहीं हर लेते? इस बंदर को अंग-भंग करके लौटा दिया जाए। (हनुमान जी ये सुनते ही अपनी पूँछ को पांवों के बीच छुपाने का नाटक करते हैं) लगता है कि बंदर की ममता पूँछ पर है। प्रहरियों! तेल में कपड़ा डुबोकर उसे इसकी पूँछ में बांधकर आग लगा दो। पूँछकटा बंदर अपने स्वामी के पास जाएगा तो ये मूर्ख अपने स्वामी को ज़रूर ले कर आएगा।

(दृश्य परिवर्तन)

अंतरिक्ष - हनुमान जी की माया को राक्षस कैसे समझ पाते? पूँछ पर कपड़ा बांधते और वो लम्बी हो जाती। राक्षसों को तो दिख रहा था बंदर और सूझ रही थी ठिठोली। हर कोई सोच रहा था कि चलो हम भी थोड़ा आनंद लें, पूंछ के कपड़ा बांधें, थोड़ा तेल या घी लगाएं। इस काम में इतना कपड़ा और घी-तेल लगा कि नगर में इनकी कमी पड़ गयी। उपहास, अट्टहास करते हुए हनुमान को नगर में फिराकर, फिर पूँछ में आग लगा दी। अग्नि को जलते हुए देखकर वो तुरंत ही बहुत छोटे रूप में हो गए। छोटे होते ही सब बंधन ढीले पड़ गए। बंधन से निकल वे सुनहरे भवनों पर जा चढ़े और अपना विशाल रूप प्रकट किया। प्रभु की

माया से तेज हवा चलने लगी और वे दौड़कर एक महल से दूसरे महल पर चढ़ जाते। सारा नगर जल रहा था, विभीषण के घर को छोड़ कर। एक छोर से दूसरी ओर तक सारी लंका जला दी, फिर वे समुद्र में कूद पड़े। पूँछ बुझाकर एक बार फिर छोटा सा रूप धारण कर हनुमान जानकीजी के सामने हाथ जोड़कर जा खड़े हुए।

(अशोक वाटिका में, सीताजी के सामने हाथ जोड़े हनुमान)

हनुमान - हे माता! मुझे कोई निशानी दीजिए, जैसी श्रीराम ने मुझे दी थी।

(सीताजी ने चूड़ामणि उतारकर दी। हनुमान ने उसको हर्षपूर्वक ले लिया)

सीता - हे तात! उन्हें मेरा प्रणाम निवेदन करना और कहना- आप सब दुखियों पर दया करते हो। मुझ पर आए इस भारी संकट को दूर कीजिए।

अंतरिक्ष - सीता जी से विदाई लेकर चलते समय हनुमान ने एक बार फिर गर्जना की। समुद्र लाँघकर वे इस पार आए और उन्होंने वानरों को किलकिला-हर्षध्वनि सुनाई। सीता जी का पता चलने की खुशियां मनाते सभी राम जी के पास पहुंचे। उन्होंने हर्षित होकर हनुमान को हृदय से लगा लिया।

राम - हे तात! कहो, क्या समाचार लाए? सीता किस प्रकार है और अपने कैसे प्राणों की रक्षा करती हैं?

हनुमान - प्रभु, आपका नाम ही वहाँ रात-दिन पहरा देता है। प्राण जाएँ तो किस मार्ग से? चलते समय माता ने मुझे चूड़ामणि दी। वो आपको प्रस्तुत करता हूँ।

(श्री राम ने उसे लेकर हृदय से लगा लिया)

हनुमान - हे प्रभु! राक्षसों की बात ही कितनी है? आप शत्रु को जीतकर जानकीजी को ले आएंगे, मुझे पूरा विश्वास है। अब विलम्ब करने का कोई कारण नहीं है। वानर और भालुओं के दलों को तुरंत निकलने का आदेश दीजिए।

सामूहिक स्वर में गान

चला कटकु को बरनैं पारा।

गर्जहिं बानर भालु अपारा॥

नख आयुध गिरि पादपधारी।

चले गगन महि इच्छाचारी॥

केहरिनाद भालु कपि करहीं।

डगमगाहिं दिग्गज चिक्करहीं॥

चिक्करहि दिग्गज डोल महि

गिरि लोल सागर खरभरे॥

मन हरष सभ गंधर्ब सुर

मुनि नाग किंनर दुख टरे॥

कटकटहिं मर्कट बिकट भट

बहु कोटि कोटिन्ह धावहीं॥

जय राम प्रबल प्रताप

कोसलनाथ गुन गन गावहीं॥

(दृश्य परिवर्तन)

अंतरिक्ष - इस तरह राम जी की वानर सेना धूम धड़ाके के साथ सागर किनारे जा पहुंची। दूसरी तरफ, जब से हनुमान जी लंका जलाकर गए, वहाँ राक्षसों की नींद गायब हो गयी। सभी को लगता था कि अब राक्षस कुल की रक्षा का कोई तरीका नहीं बचा। लेकिन रावण को समझाये कौन? रानी मंदोदरी तय करती है कि वो पति को समझाएगी।

(प्रकाश रावण के महल पर)

मंदोदरी - हे प्रियतम! सीता, कमलकुंज की तरह खिले हुए हमारे कुल को दुःख देने वाली शीत रात्रि की तरह आई है। उनकी वापसी के बिना कुल का भला नहीं हो सकता।

रावण - (लापरवाही भरी हँसी) स्त्रियाँ सचमुच बहुत डरपोक होती हैं। यदि वानरों की सेना यहाँ आती है तो राक्षस उसे खाकर अपना जीवन निर्वाह करेंगे। लोकपाल भी जिस रावण के डर से काँपते हैं, उसकी स्त्री इस तरह डरे, ये बड़ी शर्म की बात है।

(दृश्य परिवर्तन)

अंतरिक्ष - (बैकग्राउंड में इस वर्णन के अनुरुप दृश्य) मंदोदरी का उपहास कर, रावण जा पहुँचा अपनी सभा में। जैसे ही वो सभा में जाकर बैठा, खबर मिली कि शत्रु की सेना समुद्र के दूसरी तरफ पहुँच गयी है। यानी मामला अब गंभीर हो रहा था। उसने मंत्रियों से पूछा कि अब क्या करना चाहिए? तब वो भी हँसे और बोले अरे! इसमें सलाह की क्या बात है? आप रावण हैं। आपने देवताओं और राक्षसों को जीत लिया... फिर ये मनुष्य और बन्दर क्या चीज़ हैं? मंत्री-सहायक, डॉक्टर-वैद्य और शिक्षक-गुरु... ये भी अगर किसी को नाराज करने से डरने लगे। अगर ये सब लाभ की उम्मीद में हित की कड़वी बात नहीं कह कर तुम्हें प्रिय

लगने वाली झूठी बात बोल रहे हों, तो उस राज्य, शरीर और धर्म का नाश होना तय है। रावण के साथ वही हो रहा है। उसके मंत्री उसे खुश रखने के लिए झूठी बड़ाई कर रहे हैं। लेकिन, यहाँ अभी भी एक उम्मीद है। एक है, जो सच बोलने की हिम्मत दिखा सकता है। लो वो आ गए. रावण के भाई विभीषण।

(प्रकाश रावण के महल पर)

विभीषण - (सिर नवाकर अपने आसन पर बैठ कर) हे कृपाल जब आपने राय पूछी ही है, तो मैं आपके हित की बात कहता हूँ। राम मनुष्यों के ही राजा नहीं हैं, वे समस्त लोकों के स्वामी और काल के भी काल हैं। आप उनको जानकीजी दे दीजिए और राक्षस कुल को सुरक्षित कर लीजिए। क्यों माल्यवंत जी, आप क्या कहते हैं?

माल्यवंत - हे तात! आपके छोटे भाई नीति पर चलने की सही बात कह रहे हैं। आप उनकी बात पर विचार कर सकते हैं।

रावण - (क्रोध और अहंकार सहित) ये दोनों मूर्ख शत्रु की महिमा बखान रहे हैं। यहाँ कोई है? इन्हें दूर करो मेरी आँखों के सामने से! (माल्यवंत हाथ जोड़कर प्रस्थान करता है)

विभीषण - शास्त्र कहते हैं कि अच्छी बुद्धि और बुरी बुद्धि सबके हृदय में रहती है। जहाँ सुबुद्धि है, वहाँ सब सुख हैं और जहाँ कुबुद्धि है वहाँ विपत्ति ही आती है। कुबुद्धि के कारण आप हित को अहित और शत्रु को मित्र मान रहे हैं। जो सीता राक्षस कुल के लिए काल के सामान हैं, उन पर आपकी प्रीति है।

रावण - (आग बबूला) दुष्ट! तेरी मृत्यु तुझे बुला रही है। मूर्ख विभीषण! तू जी रहा है मेरी कृपा से। मेरे ही अन्न से पल रहा है, लेकिन तुझे शत्रु

अच्छा लगता है! तू बता, इस जगत् में ऐसा कौन है जिसे मैंने अपनी भुजाओं के बल से न जीता हो? (सिंहासन से खड़ा हो कर) मेरे नगर में रहकर प्रेम करता है उन बंदरों से? जा, उन्हीं से जा मिल और उन्हीं को नीति बता।

(ऐसा कहकर रावण विभीषण को लात मारता है। विभीषण शांत)

विभीषण - आप मेरे पिता के समान हैं। आपने मुझे मारा सो ठीक। परंतु आपका भला रामजी को भजने में ही है। हे रावण, तुम्हारी ये सभा काल के वश में है। यहाँ असत्य और झूठी प्रशंसा का राज है। मैं सत्य का सहारा ले कर रामजी की शरण में जा रहा हूँ। तुमसे छुप कर नहीं।, तुम्हें बता कर। ताकि तुम मुझे भविष्य में होने वाली हानि का दोष नहीं दो।

(दृश्य परिवर्तन)

अंतरिक्ष - इतना कहकर विभीषणजी जैसे ही रवाना हुए, सब राक्षस आयुहीन हो गए। आकाश मार्ग से वो जा पहुंचे सागर के दूसरी तरफ। वानरों ने जब उनको आता देखा तो सुग्रीव से सलाह कर उन्हें रामजी से मिलवाया। विभीषण ने श्रीराम को वंदन किया।

(दृश्य परिवर्तन)

विभीषण - हे नाथ! मैं दशमुख रावण का भाई हूँ। मेरा जन्म राक्षस कुल में हुआ है। मैंने सुना है कि प्रभु जन्म-मरण के भय का नाश करने वाले हैं। हे शरणागत को सुख देने वाले श्री राम! मेरी रक्षा कीजिए।

राम - लंकापति! तुम्हारे अंदर सज्जनों के सब गुण हैं। इसलिए तुम मुझे बहुत प्रिय हो।

(ये कहकर रामजी ने समुद्र जल से ही मानो विभीषण का राजतिलक कर दिया। वानर दल हर्ष ध्वनि करने लगे। राम ने उन्हें इशारे से शांत किया)

राम - वीर वानरराज सुग्रीव और लंकापति विभीषण! इस गहरे समुद्र को सेना सहित कैसे पार किया जाए?

विभीषण - हे रघुनाथ! हालाँकि आपका एक बाण ही करोड़ों समुद्रों को सोख सकता है, लेकिन उचित होगा कि पहले जाकर समुद्र से प्रार्थना की जाए।

(दृश्य परिवर्तन)

अंतरिक्ष - सभी समुद्र के किनारे पहुंचे और संकल्प सुना कर उसे रास्ता देने की प्रार्थना की। तीन दिन बीत गए लेकिन इस प्रार्थना का कोई प्रभाव नहीं पड़ा। अब श्रीराम को भी गुस्सा आ गया। उन्होंने लक्ष्मण को बुलाया।

राम - लक्ष्मण! मेरे धनुष-बाण लाओ, मैं अग्निबाण से समुद्र को सोख डालूँ। भय के बिना प्रीती संभव नहीं है। मूर्ख से विनयपूर्वक बात करने पर वैसा ही फल होता है जैसा बंजर भूमि में बीज बोने से होता है।

(श्रीराम ने धनुष पर बाण चढ़ाया ही था कि वायुमंडल में गर्जना होने लगी। समुद्र का पानी हिलोरे मारने लगा। समुद्री जीवों में घबराहट फ़ैल गयी। केवल बाण चढ़ाये जाने से ही जीवों को जलते देखा तो समुद्र ब्राह्मण के रूप में सामने आया।)

समुद्र - हे नाथ! मेरे सब अवगुण क्षमा कीजिए। आपको जो अच्छा लगे, मैं वही करूंगा।

राम - हे तात! वानरों की सेना सागर के दूसरी तरफ कैसे पहुंचे, वह उपाय बताओ।

समुद्र - हे नाथ! नील और नल दो वानर भाई हैं। उन्होंने ऋषि से आशीर्वाद पाया था। उनके स्पर्श कर लेने से ही भारी-भारी पहाड़ भी आपके प्रताप से समुद्र पर तैर जायेंगे। इस प्रकार समुद्र पर सेतु बनाइये। आपका तो नाम ही पर्याप्त है। जो इसका आश्रय लेंगे वो बिना किसी परेशानी के भवसागर पार कर जायेंगे।

(दृश्य परिवर्तन)

अंतरिक्ष - इतना सुन कर रामजी की आज्ञा से वानर और भालू राम सेतु बनाने में जुट गए। उनका बल इतना बढ़ चुका है कि पहाड़ जैसी शिलाओं और आकाश छूते पेड़ों को वो खेल ही खेल में उठा कर ला रहे हैं। श्री राम जी ने अपने संकल्प को पूरा करने के लिए शिवलिंग पूजन किया। नल और नील के साथ वानरों ने सेतु बाँधा। प्रभु की आज्ञा पाकर सेना आगे बढ़ चली। सेतुबन्ध पर भीड़ हो गई, कुछ वानर आकाश मार्ग से उड़ने लगे और कुछ समुद्री जीवों पर चढ़-चढ़कर पार जाने लगे। इस तरह सभी लंका के किनारे पहुँच गए। राक्षसों ने जा कर रावण को ये समाचार दिए। समुद्र पर सेतु का बांधा गया है। ये सुनते ही रावण थोड़ा डरा, लेकिन दिखावा ऐसा किया, जैसे उसे किसी का डर नहीं। उधर श्रीराम, सुबेल पर्वत पर सेना के साथ उतरे। यहाँ जांबवंत ने सलाह दी कि बालि के पुत्र अंगद को दूत बनाकर भेजा जाए। दूत के रूप में लंका में प्रवेश करते ही अंगद की लड़ाई रावण के पुत्र से हुयी। उसने अंगद पर लात उठाई, अंगद ने उसका पैर पकड़कर घुमाया और जमीन पर पटक कर मार गिराया। राक्षस इस बात से इतना डर गए कि रावण को जा कर बताने की हिम्मत भी नहीं की और बिना पूछे ही अंगद को

रावण के दरबार का रास्ता बता दिया। दरबार तक पहुँच कर अंगद ने एक राक्षस को भेज कर अपने आने का समाचार दिया।

(रावण सभा का दृश्य)

रावण - (हँसकर) कोई बंदर आया है? बुला लाओ, देखें कहाँ का बंदर है।

(आज्ञा पाकर दूत दौड़े और अंगद को बुला लाए। निर्भय चलते हुए वो आये, और सिर नवाकर बैठ गए)

रावण - अरे बंदर! तू कौन है?

अंगद - हे दशग्रीव! मैं श्री रघुवीर का दूत हूँ। मेरे पिता से और तुमसे मित्रता थी, इसलिए... मैं तुम्हारी भलाई के लिए आया हूँ। तुम्हारा उत्तम कुल है, पुलस्त्य ऋषि के तुम पौत्र हो। तुमने शिवजी और ब्रह्माजी की पूजा कर उनसे वर पाए हैं। लोकपालों और राजाओं को तुमने जीत लिया है। राजमद से या मोहवश तुम सीताजी को हर लाए हो। अब यदि तुम मेरी सलाह मानोगे तो श्रीराम तुम्हारे अपराध क्षमा कर देंगे।

रावण - (उपहास की मुद्रा में) बहुत सुन्दर! तो हे परम ज्ञानी, क्या सलाह है तुम्हारी?

अंगद - हाँ, बहुत सुन्दर! सलाह के साथ... क्या करना है, उसका पूरा तरीका भी समझ लो। दाँतों में तिनका दबाओ, गले में कुल्हाड़ी डालो और कुटुम्बियों सहित अर्थात अपनी स्त्रियों को साथ लेकर, आदरपूर्वक सबसे आगे जानकी जी को करके, इस प्रकार... (नाटकीय रूप से चल कर समझाते हुए) सब भय छोड़कर चलो।

रावण - (क्रोध को काबू करते हुए. खिसियानी हंसी) अति सुन्दर! क्या बात कही है! उसके बाद क्या किया जाए?

अंगद - दोनों हाथ जोड़ कर, 'हे शरणागत का पालन करने वाले रघुवंश शिरोमणि श्री रामजी! सीता माता का हरण कर मुझसे पाप हुआ। मुझे क्षमा करो... मेरी रक्षा करो, रक्षा करो।' ऐसे... इस प्रकार प्रार्थना करो। ऐसा सुनते ही प्रभु तुमको क्षमा कर देंगे।

रावण - (भड़क कर) बंदर के बच्चे! संभल कर बोल! मूर्ख! मुझ देवताओं के शत्रु को तूने जाना नहीं? मुझे भाई बोलता है और मुझे अपमानित कर अपनी मृत्यु को बुलावा भी देता है। अपना और अपने बाप का नाम तो बता।

अंगद - ओह, क्षमा कीजिए। परिचय देना तो याद ही नहीं रहा। मेरा नाम अंगद है, मैं बालि का पुत्र हूँ। उनसे कभी तुम्हारी भेंट हुई थी?

रावण - अरे हाँ, मुझे याद आ गया... बालि नाम का एक बंदर था। तो अंगद! तू ही बालि का लड़का है? तू तो कुलनाशक है, उस राम का दूत बन कर तूने कुल का नाम डूबा दिया। चल, बालि की कुशल बता, आजकल वो कहाँ है?

अंगद - वो वहाँ है। (हँसकर ऊपर देखता है) कुछ दिन बाद अपने मित्र को हृदय से लगाकर, उन्हीं से कुशल पूछ लेना। रामजी से विरोध करने पर जैसी कुशल होती है, सब तुमको वो ही बता देंगे। और सच कहा तुमने... मैं तो कुल नाशक हूँ और हे रावण! तुम कुलरक्षक हो। शिव, ब्रह्मा आदि देवता जिनके गुण गाते हैं, उनका दूत होकर मैंने कुल को डुबा दिया? ऐसी बुद्धि होने पर भी तुम्हारा हृदय फट नहीं जाता?

रावण - (आँखें तरेरकर) दुष्ट! मैं तेरे सब कठोर वचन इसीलिए सह रहा हूँ कि मैं नीति और धर्म को जानता हूँ। तू दूत जो ठहरा।

अंगद - हाँ। तुम्हारी धर्मशीलता की कथाएँ मैंने भी सुनी है। एक तो ये कि तुमने पराई स्त्री की चोरी की है! और दूत की रक्षा की बात तो अपनी आँखों से देख ली। ऐसे धर्म के व्रत को धारण करने वाले तुम डूबकर मर नहीं जाते! मैं बड़ा भाग्यवान् हूँ, जो तुम्हारा दर्शन कर पाया।

रावण - (चिढ कर) अरे जड़ जन्तु! बक-बक मत कर। मूर्ख! मेरी भुजाएँ तो देख। ये सब लोकपालों के बल रूपी चंद्रमा को ग्रसने के लिए राहु हैं। तेरी सेना में ऐसा कौन योद्धा है, जो मुझसे भिड़ सकेगा। तेरा मालिक तो स्त्री के वियोग में बलहीन हो रहा है और उसका छोटा भाई उसी के दुःख से दुःखी और उदास है। तुम और सुग्रीव, दोनों नदी तट के ढीली जड़ वाले पेड़ हो। रहा मेरा छोटा भाई विभीषण, तो वो भी बड़ा डरपोक है। हाँ, एक वानर जरूर थोड़ा बलवान् है, जो पहले आया था।

अंगद - राक्षसराज! अधूरी नहीं पूरी बात कहो ना! क्या उस वानर ने तुम्हारा नगर जला दिया? रावण जैसे योद्धा का नगर एक छोटे से वानर ने जला दिया। ओह्हो, ऐसा नहीं हो सकता। तुम उसको बलवान कह रहे हो। सच तो ये है कि वो सुग्रीव का एक सिर्फ हरकारा है। वह इधर उधर बहुत कर लेता है, वीर नहीं है। उसको तो हमने केवल खबर लेने के लिए भेजा था। क्या सचमुच ही उस वानर ने प्रभु की आज्ञा पाए बिना ही तुम्हारा नगर जला डाला? मालूम होता है, इसी डर से वह लौटकर सुग्रीव के पास नहीं गया और कहीं छिप गया!

रावण - तुम अपनी सीमा से अधिक बोल रहे हो बन्दर...

अंगद - (बात काट कर) सुनो तो सही। तुम सत्य ही कह रहे हो। सचमुच हमारी सेना में कोई भी ऐसा नहीं है, जो तुमसे लड़ने में शोभा पाए। प्रेम और वैर बराबरी वाले से ही करना चाहिए। सिंह यदि मेंढकों को मारे, तो क्या उसे कोई भला कहेगा?

रावण - (खिसियानी हंसी) कुछ भी हो। हरेक बंदर में ये एक बड़ा गुण होता है। जो उसे पालता है, वो तरह तरह के करतबों से उसका भला करने की चेष्टा करता है। अपने मालिक के लिए लाज छोड़कर जहाँ-तहाँ नाचता है। नाच-कूदकर, लोगों को रिझाकर, मालिक का हित करता है। अंगद! इसीलिए तेरी जली-कटी बक-बक पर मैं ध्यान नहीं देता।

अंगद - सच बताऊँ! तुम्हारी कुछ कहानियां तो मुझे हनुमान ने सुनाई थी। उसने अशोक वन तहस-नहस करके, तुम्हारे पुत्र को मारकर नगर जला दिया। तो भी अपने गुणों के कारण तुम ये सोचते रहे कि उसने तुम्हारा कुछ नहीं बिगाड़ा। बस, तुम्हारा वही कमजोर स्वभाव विचार कर मैंने भी थोड़ी धृष्टता कर ली। देख रहा हूँ कि हनुमान ने जो कुछ कहा था वो ठीक था। तुम्हें न लज्जा है, न क्रोध और न चिढ़।

रावण - अरे वानर! तेरी बुद्धि का क्या कहना! तेरी ऐसी बुद्धि है, तभी तो तू गर्भ में आते ही बाप को खा गया।

अंगद - पिता को खाकर फिर तुमको भी खा डालता, परन्तु अभी तुरंत कुछ और ही बात मेरी समझ में आ गई! सुन रावण! यह तो बता कि जगत में कितने रावण हैं? एक रावण तो बलि को जीतने पाताल में गया था, तब बच्चों ने उसे घुड़साल में बांध रखा। बालक खेलते थे और जा-जाकर उसे मारते थे। बलि को दया लगी, तब उन्होंने उसे छुड़ा दिया। फिर एक रावण को सहस्रबाहु ने देखा, और उसने दौड़कर उसको विचित्र

जन्तु समझकर पकड़ लिया। तमाशे के लिए वह उसे घर ले आया। तब पुलस्त्य मुनि ने जाकर उसे छुड़ाया। एक और रावण की बात कहने में तो मुझे बड़ा संकोच हो रहा है- वह बहुत दिनों तक बालि की काँख में रहा था। इनमें से तुम कौन से रावण हो? खीझना छोड़कर सच-सच बताओ।

रावण - चुप हो मूर्ख! सुन, मैं वही बलवान् रावण हूँ, जिसकी भुजाओं की लीला कैलास पर्वत जानता है। जिसकी शूरता उमापति महादेवजी जानते हैं, जिन्हें अपने सिर रूपी पुष्प चढ़ा-चढ़ाकर मैंने पूजा था। दिग्गज मेरी छाती की कठोरता को जानते हैं। झूठी बकवास करने वाले दुष्ट, असभ्य, तुच्छ बंदर!

अंगद - (क्रोध सहित) अरे नीच अभिमानी! सोच-समझकर बोल। व्यर्थ डींग न हाँक। रामजी के बाण लगते ही तेरे सिर भूमि पर पड़े दिखेंगे। रीछ-वानर उनसे गेंद की तरह चौगान खेलेंगे।

रावण - यदि तेरा मालिक, जिसकी गुणगाथा तू बार-बार कह रहा है, संग्राम में लड़ने वाला योद्धा है- तो फिर वह दूत किसलिए भेजता है?

अंगद - रावण! तेरे समान लज्जावान् जगत् में कोई नहीं है। लज्जाशीलता तो तेरा सहज स्वभाव ही है। तू अपने मुँह से अपने गुण कभी नहीं कहता। अरे मंद बुद्धि! समझकर देख। पतंगे मोहवश आग में जल मरते हैं, गदहों के झुंड बोझ लादकर चलते हैं, पर इस कारण वे शूरवीर नहीं कहलाते। मैं दूत की तरह सन्धि करने नहीं आया हूँ। रामजी ने मुझे बार-बार कहा है कि सियार को मारने से सिंह को यश नहीं मिलता। प्रभु के उन वचनों को याद करके ही मैंने तेरे कठोर वचन सहे हैं। नहीं तो तेरा मुँह तोड़कर मैं खुद सीताजी को जबरदस्ती ले जाता। तेरा बल तो मैंने तभी जान लिया, जब तू सूने में पराई स्त्री को चुरा लाया।

रावण - (दांत किटकिटा कर) नीच बंदर! अब तू मरना ही चाहता है! इसीलिए छोटे मुँह बड़ी बात कहता है। अरे मूर्ख! तू जिसके बल पर कड़ुए वचन बक रहा है, उसमें बल, प्रताप, बुद्धि अथवा तेज कुछ भी नहीं है। उसे गुणहीन समझकर ही तो पिता ने वनवास दे दिया। उसे एक तो वो दुःख, उस पर पत्नी का विरह और फिर रात-दिन मेरा डर बना रहता है।

(श्रीराम की निंदा सुनते ही अंगद अत्यंत क्रोधित हुए। उन्होंने भयानक आवाज़ की और तमककर जोर से अपने दोनों भुजदण्डों को भूमि पर दे मारा। भूमि में हलचल हुयी, बैठे हुए सभासद् गिर पड़े और रावण गिरते-गिरते सँभलकर उठा।)

रावण - (क्रोध चरम पर) इस बंदर को पकड़ लो और पकड़कर मार डालो। जहाँ कहीं रीछ-वानरों को पाओ, वहीं खा डालो।

अंगद - तुझे गाल बजाते लाज नहीं आती! अरे निर्लज्ज! तू खुद गला काटकर मर जा! मैं तेरे दाँत तोड़ने में समर्थ हूँ। पर क्या करूँ? श्री राम ने मुझे आज्ञा नहीं दी।

रावण - झूठ बोलना तूने कहाँ से सीखा? बालि ने तो कभी ऐसा झूठ नहीं बोला। लगता है तू तपस्वियों से मिलकर ऐसा झूठा हो गया है।

(इस बात पर अंगद और क्रोधित हो उठे। उन्होंने रावण की सभा में दृढ़ता के साथ पैर जमा दिया)

अंगद - सुन ले रावण! चल, मेरे झूठ और सत्य की परीक्षा ले लेते हैं। यदि तू मेरा यहाँ जमाया हुआ पैर हटा सके तो श्री रामजी अभी लौट जायेंगे, हम सीताजी हार जायेंगे।

रावण - (उत्साह में) हे वीरो! सुनो, पैर पकड़कर बंदर को पृथ्वी पर पछाड़ दो।

(मेघनाद आदि अनेकों बलवान्योद्धा पूरे बल से झपटते हैं। पैर को हटाने की कोशिश करते हैं पर पैर हिलता ही नहीं। कुछ क्षण विश्राम कर के वे फिर उठकर झपटते हैं, परन्तु अंगद का चरण उनसे हिलता ही नहीं। तब अंगद के ललकारने पर रावण स्वयं उठा। जब वह अंगद का चरण पकड़ने लगा, तब...)

अंगद - अरे, अरे! ये क्या? राक्षसराज रावण मेरे पाँव पड़ रहे हैं? मेरा चरण पकड़ने से तेरा बचाव नहीं होगा। अरे मूर्ख- तू जाकर श्री रामजी के चरण क्यों नहीं पकड़ता?

(यह सुनकर वह मन में बहुत ही सकुचाकर लौट गया। वो ऐसा तेजहीन हो गया जैसे मध्याह्न में चंद्रमा)

अंगद - रणभूमि में मिलेंगे तो तुझे खेला-खेलाकर मारूंगा। अभी पहले से क्या बड़ाई करूँ! हाँ, यहाँ आने से पहले तुम्हारे पुत्र ने मुझसे लड़ाई करने का प्रयत्न किया था। वो वहीँ पहुँच गया (ऊपर देख कर) जहाँ मेरे पिता बालि पहुंचे हुए हैं। तुम्हारे पुत्र को मैंने मार डाला दशानन।

(यह सुनकर रावण दुःखी और स्तब्ध। दृश्य परिवर्तन। अंगद पुनः राम जी के पास)

अंतरिक्ष - बालि पुत्र अंगद रामजी के पास पहुँच कर शत्रु पक्ष के समाचार कहे। श्री राम ने मंत्रियों को बुलाया... लंका के चार दरवाजों पर किस तरह आक्रमण किया जाए, इस पर विचार किया। वानरों की सेना के चार दल बनाए गए और उनके लिए सेनापति नियुक्त किए। फिर यूथपतियों को बुला आगे की योजना बताई गयी, जिसे सुनकर वानर,

सिंह के समान गर्जना करके दौड़े। लंका को अजेय किला कहा जाता था। ये जानते हुए भी वानर निडर होकर चले। बादलों की तरह लंका को चारों दिशाओं से घेरकर वे मुँह से डंके और भेरी बजाने लगे। उधर लंका में भारी कोहराम मच गया। रावण ने इस चढ़ाई को 'वानरों की ढिठाई' कह कर राक्षसों की सेना बुलाई।

(रावण सभा का दृश्य)

रावण - बंदर अपनी मृत्यु बुलाने लंका के भीतर चले आए हैं। हे वीरों! चारों दिशाओं में फैल जाओ और रीछ-वानर सबको पकड़-पकड़कर खाओ।

(दृश्य परिवर्तन)

अंतरिक्ष - जैसे मूर्ख मांसाहारी पक्षी लाल पत्थर देखकर उस पर टूट पड़ते हैं। पत्थरों पर लगने से चोंच टूटने का दुःख उन्हें नहीं सूझता, वैसे ही ये बेसमझ राक्षस दौड़ पड़े। अस्त्र-शस्त्र और धनुष-बाण धारण किए राक्षस किले के परकोटे पर चढ़ गए। दिल दहलाने वाला वातावरण बन गया। परकोटे से राक्षसों ने देखा की चींटियों के दल की तरह आगे बढ़ते वानर और भालुओं के समूह किले के आसपास हैं। उधर रावण की और इधर श्री रामजी की दुहाई बोली जा रही है। 'जय! जय!! जय!!!' की ध्वनि होते ही लड़ाई छिड़ गई। राक्षस पहाड़ों के ढेर के ढेर शिखरों को फेंकते हैं। वानर कूदकर उन्हें पकड़ लेते हैं और वापस उन्हीं की ओर चलाते हैं। ज़्यादा चंचल और बड़े वानर-भालू बड़ी फुर्ती से उछलकर किले पर चढ़ गए और महलों में घुसकर संहार करने लगे। एकबार तो रावण की सेना में भगदड़ मच गई। रावण ने अपनी सेना का विचलित होना सुना, तब वो क्रोधित हो गया।

(दृश्य परिवर्तन)

रावण - (ऊँची आवाज़ में) रक्ष संस्कृति के योद्धाओं! इस तरह डरना, विचलित होना तुम्हें शोभा नहीं देता। तुम रावण की सेना हो। आगे बढ़ो और दिखा दो शत्रु को... कि लंका की ओर कुदृष्टि डालने का परिणाम क्या होता है? एक और बात स्मरण रहे। मैं जिसे रण से पीठ देकर भागा हुआ पाऊंगा। उसे स्वयं अपनी तलवार से मार दूंगा। जीवन भर लंका का खाया, सुख भोगे और अब रणभूमि में तुम्हें प्राण प्यारे हो गए!

अंतरिक्ष - राक्षस दल अब दोगुने बल के साथ वानर सेना पर टूट पड़े। उनमें भगदड़ मच गयी। हनुमान ने जब अपने दल को भयभीत हुआ सुना, वे काल के समान जोर से गरजे और कूदकर लंका के किले पर आ गए। अंगद ने सुना कि पवनपुत्र हनुमान किले पर अकेले ही गए हैं, तो वो भी किले पर चढ़ गए। राक्षस और वानर युद्ध करते हुए ऐसे जान पड़ते हैं मानो बहुत से बादल एक दूजे से टकरा रहे हों। सेनापतियों अकंपन और अतिकाय ने अपनी सेना को विचलित होते देखकर माया की। इस माया के चलते पलभर में घना अंधकार हो गया। खून, पत्थर और राख की वर्षा होने लगी। घना अंधकार देखकर वानरों की सेना में खलबली पड़ गई। एक को दूसरा नहीं देख सकता और सब जहाँ-तहाँ पुकार रहे हैं। श्री राम ने तुरंत ही अग्निबाण चलाया, जिससे प्रकाश हो गया, कहीं अंधेरा नहीं रह गया। रावण ने मंत्रियों को बुलाया और पूछा कि अब क्या उपाय करना चाहिए? तब बूढ़े मंत्री माल्यवंत जो रावण के नाना भी थे, वो आगे आए।

(दृश्य परिवर्तन)

माल्यवंत - हे तात! कुछ मेरी सीख भी सुनो। जब से तुम सीता को हर लाए हो, तब से लगातार अपशकुन हो रहे हैं। तुम वैर छोड़कर जानकीजी को वापस दे दो।

रावण - अरे अभागे! युद्ध के समय ऐसी बात कहने की हिम्मत कैसे हुई तुम्हारी? मुँह काला करके यहाँ से निकल जाओ। तुम बूढ़े हो गए हो, नहीं तो मैं तुम्हें मार ही डालता।

(सिर झुकाए माल्यवान् का प्रस्थान)

मेघनाद - पिताजी! आप धीरज रखें। सवेरे मेरी करामात देखना। मैं कुछ ऐसा करूंगा कि शत्रु पक्ष की कमर टूट जाएगी।

(युद्ध मैदान का दृश्य। मेघनाद अपने रथ पर)

मेघनाद - (ललकारते हुए) अपने को महान धनुर्धर मानने वाले दोनों भाई कहाँ हैं? कहाँ हैं सुग्रीव, अंगद और हनुमान् कहाँ हैं? भाई से द्रोह करने वाला विभीषण कहाँ है? आज मैं सबको और उस दुष्ट को तो अवश्य ही मारूंगा।

(दृश्य परिवर्तन)

अंतरिक्ष - ऐसा कहकर मेघनाद ने बाण पर बाण वानर सेना पर छोड़े तो लगा जैसे पंखवाले साँप उड़ते जा रहे हों। हनुमान उसे बार-बार ललकारते हैं लेकिन वह उनके निकट नहीं जाता। लक्ष्मणजी मेघनाद के पास पहुंचे और बाणों की वर्षा कर उसके रथ को तोड़ डाला। मेघनाद ने सोचा कि लक्ष्मण उसके प्राण हर लेंगे। तब उसने वीरघातिनी शक्ति चलाई। शक्ति लक्ष्मणजी की छाती में लगी... वे मूच्छिर्त हो गए। हनुमान जी को जैसे ही इस बात का पता चला, वो उन्हें श्रीराम के पास ले गए।

(दृश्य परिवर्तन)

राम - (पीड़ा सहित) ये क्या हुआ भाई लक्ष्मण को? ये मूच्छिर्त कैसे हो गया? हे लक्ष्मण, तुम मुझे अति प्रिय हो। नेत्र खोलो और बोलो हमसे। हम सभी तुम्हें पहले जितना सजग देखना चाहते हैं।

जांबवंत - लंका में सुषेण वैद्य रहता है, वो इन्हें ठीक कर सकता है। लेकिन उसे लाने के लिए किसको भेजा जाए?

हनुमान - मैं ले कर आऊंगा वैद्य सुषेण को।

(दृश्य परिवर्तन)

अंतरिक्ष - हनुमान छोटा रूप धरकर गए और सुषेण को उसके घर समेत उठा लाए।

(अंतरिक्ष के कथन के दौरान मंच के मुख्य भाग में युद्ध भूमि का दृश्य चलता रहता है)

सुषेण - (श्री राम को सिर नवा कर लक्ष्मण का हाल देखता है) हिमालय के द्रोणाचल पर्वत पर संजीवनी बूटी। वो लक्ष्मण के लिए उपयुक्त औषधि है। लेकिन औषधि का समय पर यानी सूर्योदय से पहले आना आवश्यक है।

हनुमान - आप निश्चिन्त रहें। ये कार्य भी मैं कर लूंगा।

(दृश्य परिवर्तन)

अंतरिक्ष - इतना कह कर हनुमान जी उड़ चले हिमालय की ओर। वहाँ पहुँच कर उन्होंने पर्वत को देखा, पर औषध यानी संजीवनी बूटी नहीं पहचान सके। तब हनुमान्जी ने उस पर्वत को ही उखाड़ लिया। पर्वत लेकर हनुमान रात ही में आकाश मार्ग से दौड़ चले और अयोध्यापुरी के ऊपर पहुँच गए। यहाँ भरतजी ने आकाश में अत्यंत

विशाल स्वरूप देखा, तब मन में अनुमान किया कि यह कोई राक्षस है। उन्होंने कान तक धनुष को खींचकर बिना फल का एक बाण मारा। बाण लगते ही हनुमान्जी 'राम, राम' उच्चारण करते हुए पृथ्वी पर गिर पड़े। रामनाम सुनकर भरत दौड़े और हनुमान के पास आए। वो तो अचेत भूमि पर पड़े थे।

(बैकग्राउंड में इस वर्णन के अनुरूप दृश्य)

भरत - मुझसे बड़ी भूल हो गई। ये अवश्य ही श्रीराम का प्रिय पात्र है। अगर रामजी के चरणकमलों में मेरा निष्कपट प्रेम हो तो यह वानर पीड़ा से रहित हो जाए।

(दृश्य परिवर्तन)

अंतरिक्ष - यह सुनते ही हनुमान 'कोसलपति की जय हो' कहते हुए उठ बैठे। फिर उन्होंने भरत को अपना परिचय दिया तो भरत ने हनुमान को हृदय से लगा लिया।

भरत - तात! छोटे भाई लक्ष्मण तथा माता जानकी सहित श्री रामजी की कुशल कहो।

(दृश्य परिवर्तन)

अंतरिक्ष - हनुमान ने संक्षेप में सब कथा कही। सुनकर भरतजी दुःखी हुए और पछताने लगे।

भरत - मुझसे अभागा कौन होगा इस जगत में! मेरे कारण प्रभु को इतने कष्ट उठाने पड़े। मेरे ही कारण आज भाई लक्ष्मण की ये स्थिति है। (अपने को संभाल कर, हनुमान से) हे तात! तुमको जाने में देर होगी और सवेरा

होते ही काम बिगड़ जाएगा। तुम पर्वत सहित मेरे बाण पर चढ़ जाओ, मैं तुमको वहाँ भेज दूँ जहाँ कृपा के धाम श्री राम हैं।

हनुमान - मैं आपका प्रताप हृदय में रखकर तुरंत चला जाऊँगा।

(दृश्य परिवर्तन)

अंतरिक्ष - ऐसा कहकर हनुमान संजीवनी बूटी वाला पर्वत उठाए, उड़ चले। उधर आधी रात बीत जाने के कारण रामजी की व्याकुलता बढ़ गयी।

(युद्ध मैदान का दृश्य)

राम - हे भाई! तुम मुझे कभी दुःखी नहीं देख सकते थे। मेरे हित के लिए तुमने माता-पिता को भी छोड़ दिया और वन में सब कुछ सहन किया। अब मेरे व्याकुल वचन सुनकर उठते क्यों नहीं? यदि मैं जानता कि वन में भाई का विछोह होगा तो मैं पिता का वचन भी न मानता। हे तात! जागो।

(प्रभु लीला प्रलाप सुनकर वानर व्याकुल हो गए। इतने में हनुमान आ गए। मधुर संगीत मंच पर गूंज उठता है। जैसे करुणरस में वीर रस आ गया हो। तब वैद्य सुषेण ने तुरंत उपाय किया, जिससे लक्ष्मणजी हर्षित होकर उठ बैठे। प्रभु भाई को हृदय से लगाकर मिले। भालू और वानरों के समूह सब हर्षित हो गए)

अंतरिक्ष - लक्ष्मण जी के चैतन्य होने का समाचार जब रावण ने सुना, तब उसे बहुत दुःख हुआ। तब उसे याद आयी अपने भाई कुंभकर्ण की। वो विशालकाय, छह महीने जागता तब खूब खाता पीता और फिर छह माह के लिए सो जाता। जब वानर सेना ने लंका पर चढ़ाई की तब उसका आराम से सोने का समय चल रहा था। लेकिन उसे समय से पहले जगाने

के लिए ख़ास तरीके काम लिए गए। समय से पहले जगा दिए जाने पर पहले तो कुम्भकर्ण चिढ़ा। लेकिन फिर रावण को चिंतित देख उसका क्रोध शांत हुआ।

कुम्भकर्ण - हे भाई! तुम्हारे चेहरे पर उदासी और चिंता, आँखों में पीड़ा है। क्या बात है?

(रावण उसे सारी कथा सुनाता है। कुम्भकर्ण उलझन में)

कुम्भकर्ण - राक्षसराज! तूने अच्छा नहीं किया। इतना कुछ कर लेने के बाद, अब आकर मुझे क्यों जगाया? हे तात! अभिमान छोड़कर श्री राम को भजो तो कल्याण होगा।

(दृश्य परिवर्तन)

अंतरिक्ष - कहा जाता है ना, कि अगर विनाश निकट हो तो व्यक्ति किसी की अच्छी सलाह भी नहीं सुनता है। रावण ने कुम्भकर्ण की सलाह नहीं मानी। उल्टा उस पर भी दबाव बनाया कि वो युद्ध में शामिल हो। कुम्भकर्ण के युद्ध क्षेत्र में पहुँचते ही वानर सेना में हाहाकार मच गया। उसने वानर सेना को तितर-बितर कर दिया। रामचंद्रजी ने देखा कि सेना घबरा रही है तब उन्होंने धनुष उठाया और कुम्भकर्ण के मुख को बाणों से भर दिया। फिर भी वो लड़ता रहा। मुख में बाण भरे हुए वह प्रभु के सामने दौड़ा। तब प्रभु ने तीक्ष्ण बाण लिया और उसके सिर को धड़ से अलग कर दिया। कुम्भकर्ण के वध के साथ रावण टूट गया। लेकिन उसके पुत्र मेघनाद ने मायावी रथ पर चढ़कर अट्टहास भरी गर्जना की जिससे वानरों की सेना में भय छा गया। वो एक साथ शक्ति, शूल, तलवार, कृपाण आदि अस्त्र, शस्त्र एवं वज्र आदि बहुत से आयुध चलाते हुए फरसे, पत्थर आदि बरसात करने लगा। अब आगे आए लक्ष्मणजी जिन्होंने

ने वीरोचित तीर चलाया और मेघनाद का सिर धड़ से अलग हो गया। रावण ने जब पुत्र वध का समाचार सुना, वह मूच्छिर्छत होकर पृथ्वी पर गिर पड़ा। अगले दिन योद्धाओं को बुलाकर उसने अपना निर्णय सुनाया।

(प्रकाश रावण के महल पर)

रावण - लड़ाई में शत्रु के सामने हम कमजोर दिख रहे हैं। मैंने अपनी भुजाओं के बल पर बैर बढ़ाया है। अब जो शत्रु चढ़ आया है, उसको मैं स्वयं ही उत्तर दूंगा।

अंतरिक्ष - ऐसा कहकर उसने पवन के समान तेज चलने वाला रथ सजाया। रावण की चतुरंगिणी सेना की बहुत सी टुकड़ियाँ हैं। अनेकों प्रकार के वाहन, रथ और सवारियाँ हैं तथा बहुत से रंगों की अनेकों पताकाएँ और ध्वजाएँ हैं। ढोल और नगाड़े भीषण ध्वनि से बज रहे हैं, जैसे प्रलयकाल के बादल गरज रहे हों।

रावण - हे उत्तम योद्धाओं! सुनो तुम रीछ-वानरों के समूहों को मसल डालो और मैं दोनों राजकुमार भाइयों को मारूंगा।

अंतरिक्ष - रावण को रथ पर और श्री रघुवीर को बिना रथ के देखकर विभीषण अधीर हो गए। उन्होंने रामजी के चरणों की वंदना कर के विनय किया...

विभीषण - हे नाथ! आपके पास यहाँ न रथ है, न तन की रक्षा करने वाला कवच है और न पाँवों में पादुका है। ये युद्ध हम कैसे जीतेंगे?

राम - विभीषण, जिससे हमारी किसी भी युद्ध में विजय होती है, वो रथ दूसरा ही है। शौर्य और धैर्य उस रथ के पहिए हैं। सदाचार उसकी मजबूत ध्वजा है। बल, विवेक, स्व नियंत्रण और परोपकार- ये चार उसके घोड़े

हैं, जो क्षमा और समता रूपी डोरी से रथ में जोड़े हुए हैं। जिसके पास ऐसा दृढ़ रथ हो, वो वीर रावण तो क्या पूरे संसार को जीत सकता है।

(दृश्य परिवर्तन)

अंतरिक्ष - रावण जिस तरह बाण छोड़ता था वो सर्पों के झुण्ड की तरह उड़कर जा लगते थे। चारों दिशाओं से बरसते महसूस होते थे। वानर भागें तो कहाँ? उनमें कोलाहल मच गया। सेना को व्याकुल देखकर लक्ष्मण जी को क्रोध आया। उन्होंने रावण को ललकारा।

लक्ष्मण - अरे दुष्ट रावण! वानर भालुओं को क्या मार रहा है? मुझे देख, मैं तेरा काल हूँ।

रावण - अरे मेरे पुत्र के घातक! मैं तुझी को ढूंढ रहा था। आज तुझे मारकर मैं अपनी छाती ठंडी करूंगा।

(दृश्य परिवर्तन)

अंतरिक्ष - ऐसा कहकर उसने प्रचण्ड बाण छोड़े। लक्ष्मणजी ने सबके सैकड़ों टुकड़े कर डाले। रावण ने करोड़ों अस्त्र-शस्त्र चलाए। लक्ष्मणजी ने उनको तिल के बराबर करके काटकर हटा दिया। फिर उन्होंने बड़ी ही शीघ्रता से रावण के रथ को चूर-चूर कर और सारथी को मारकर उसे व्याकुल कर दिया। बाणों से उसका हृदय बेध दिया, जिससे रावण व्याकुल होकर भूमि पर गिर पड़ा। तभी दूसरा सारथी उसे दूजे रथ में डालकर तुरंत ही लंका को ले गया। चेतना लौटने पर रावण ने युद्ध में अभय के लिए यज्ञ आरम्भ किया। वानर वहाँ भी पहुँच गए। उन्होंने यज्ञ विध्वंस कर डाला। अब श्रीराम से देवताओं ने स्तुति की, कि जिस उद्देश्य से मनुष्य रूप में हरि का अवतार हुआ था, उसे पूरा करने का समय आ गया है। देवताओं के वचन सुनकर प्रभु मुस्कुराए। उन्होंने उठकर

बाण सुधारे। मस्तक पर जटाओं के जूड़े को कसकर बांधे हुए हैं। प्रभु ने कमर में फेंटा तथा तरकश कस लिया। प्रभु ने हाथ में शार्ग धनुष लेकर अक्षय तरकश लिया। ज्यों ही प्रभु धनुष-बाण हाथ में लेकर फिराने लगे, त्यों ही ब्रह्माण्ड, समुद्र और पर्वत सभी डगमगा उठे। देवताओं ने प्रभु को पैदल ही युद्ध करते देखा, तो उनके हृदय में बड़ा भारी क्षोभ हुआ। इंद्र ने तुरंत अपना रथ सारथी मातलि हर्ष के साथ भेज दिया। रामजी को रथ पर देखकर वानर जैसे नया जीवन पा गए। उधर रावण ने एक अलग माया फैलाई। राक्षसों की सेना में चारों तरफ राम ही राम दिखने लगे। सभी वानरों और यहाँ तक कि लक्ष्मण जी को भी हर ओर राम ही दिखें। शत्रु को मारने बढ़ो, और वहाँ राम खड़े दिखें। उस पर प्रहार किया ही ना जाए। उतने ही लक्ष्मण भी जहाँ तहाँ प्रकट हो गए। बहुत से राम-लक्ष्मण देखकर वानर-भालू भ्रम के कारण डर गए। अपनी सेना को दशा में देखकर रामजी ने मुस्कुरा कर मायाभेदी बाण चलाया और सब कुछ सही हो गया।

(राम और रावण अब आमने सामने हैं। विशेष प्रभाव वाला दृश्य)

रावण - अरे वनचर! यदि तुम रण से भाग न गए तो आज मैं सारा वैर निकाल लूंगा। आज मैं तुम्हें काल के हवाले कर दूंगा। तुम्हारा सामना आज रावण से हुआ है।

राम – तुम्हारी सारी प्रभुता, तुम्हारा बल सच में वैसा ही है जैसा तुम कह रहे हो। तुम अपने बल और साहस से सम्पूर्ण विश्व को जीतना चाहते थे। तुम ऐसा कर भी लेते। लेकिन, तुम्हारी आँखों पर अहंकार का विनाशकारी आवरण पड़ गया। तुमने अपने यश, वैभव को बढ़ाने के लिए राक्षसों को हर अधर्म की तरफ बढ़ाया। आज तुम अपने कुल, अपने देश और अपने आप को संकट में डाल कर भी अहंकार का साथ

नहीं छोड़ रहे हो। शस्त्र और शास्त्र, सभी पर अधिकार रखने के बाद भी तुम युगों-युगों तक असत्य, अधर्म और अहंकार का प्रतीक बने रहोगे।

रावण - देखा! तुम भी मेरे बल की प्रशंसा कर रहे हो। भयभीत हो? वैर करते समय ये बात क्यों नहीं सोचा? अब जब मैं सामने आया तो तुम्हें अपने प्राण प्यारे लग रहे हैं। लेकिन, अब तुम्हारा काल से मिलन हो कर रहेगा।

(रावण भयानक ध्वनि वाले तीर छोड़ता है। कुछ देर अलग, अलग तरीके से राम को क्षति पहुँचाने का प्रयास करता है। लेकिन हर बार राम उसे निष्फल कर देते हैं। आखिर में वे रावण पर इतनी तीव्रता वाले बाण चलाते हैं कि वो संभल नहीं पाता। बाण सिर के आर-पार हो गए भुजाएं कट कर भूमि पर। परन्तु, आश्चर्य ये, कि काटते ही वे तुरंत फिर नए हो गए।)

अंतरिक्ष - राम जी बार-बार रावण की भुजा और सिर को काट रहे हैं, लेकिन आसमान से असंख्य नए सिर और भुजाएँ आ कर उसके लगती जा रही हैं। विषय और विलास रुपी रावण भी ऐसा ही होता है। उनका भोग करने से उन्हें भोगने की इच्छा हर बार बढ़ती जाती है। रावण ने सिरों और भुजाओं की बाढ़ के बीच बाण बरसाकर रामजी के रथ को ढँक दिया। मानो कोहरे में सूर्य छिप गया हो। प्रभु ने धनुष उठाया और प्रहार से रावण के बाणों का आवरण हटा दिया। लेकिन रावण हर पल नया शरीर पा रहा था। उसके अंग इधर कटते, उधर नए हो जाते। शत्रु मरता नहीं और परिश्रम बहुत हो चुका था। तब श्री राम ने विभीषण की ओर देखा।

विभीषणजी - हे सर्वज्ञ! इसके नाभिकुंड में अमृत का निवास है। रावण उसी के बल पर जीता है।

(विभीषण के वचन सुनते ही राम मुस्कुराये। इधर उन्होंने धनुष पर बाण चढ़ाया, उधर रावण के महल में अनेक अपशकुन हुए। सियार और कुत्ते रोने लगे। अशुभ सूचित करने के लिए पक्षी बोलने लगे। दसों दिशाओं में आग लगने लगी बिना ही योग के सूर्यग्रहण होने लगा। मंदोदरी का हृदय काँपने लगा। मूर्तियाँ रोने लगीं, आकाश से वज्रपात होने लगे, अत्यंत प्रचण्ड वायु बहने लगी, पृथ्वी हिलने लगी, बादल रक्त, बाल और धूल की वर्षा करने लगे)

(दृश्य परिवर्तन)

अंतरिक्ष - रावण के महल में अपशकुन हुए। देवताओं में है हर्ष क्योंकि रामजी के धनुष पर अब मुक्ति के बाण चढ़े हैं । ये छूटे बाण और ऐसे चले, मानो कालसर्प हों। एक बाण ने नाभि के अमृत कुंड को सोख लिया। फिर तीस बाण उसके सिरों और भुजाओं में लगे। बाण सिर और भुजाओं को लेकर चले। धड़ प्रचण्ड वेग से दौड़ता है, जिससे धरती धँसने लगी। रावण धड़ के दोनों टुकड़ों को फैलाकर भालू और वानरों के समुदाय को दबाता हुआ भूमि पर गिर पड़ा।

(कुछ क्षण का सन्नाटा। फिर हलके हलके मंगल ध्वनि बजती है।)

अंतरिक्ष - सुनो, इस मंगल ध्वनि को ध्यान से सुनो। पाप और असत्य से मुक्ति का उद्घोष हो रहा है। राक्षसी संस्कृति के प्रतीक रावण के अंत के साथ सनातन का राज एक बार फिर ब्रह्माण्ड में हुआ है। रावण हर युग में राक्षसी प्रवृति बन कर एक नहीं दस सिरों के साथ यानी दसियों तरीकों से अपना प्रभाव फैलाने की, हमें अपना दास बनाने की कोशिश करेगा। लेकिन, भारतवर्ष के मानस को भय काहे का? जब मन में रमा

हुआ हो राम, तो संकल्प के तीर लक्ष्य पर लगेंगे ही। चलो, हम अपने भीतर के राम को जगाएं। बहुत रावण पैदा हो चुके हैं। (दृश्य परिवर्तन) अपने भाई रावण के क्रिया-कर्म करने के बाद विभीषण ने आकर सिर नवाया। रामजी ने लक्ष्मण, वानरराज सुग्रीव, अंगद, नल, नील जाम्बवान् और मारुति सभी के साथ विभीषण को राजभवन भेजा जहाँ उसका राजतिलक हुआ। पिता को दिए वचनों के कारण राम जी नगर में नहीं गए। वन ही उनका वास था। फिर प्रभु ने हनुमान्जी को सीता जी के पास भेजा। हनुमान जी से सभी शुभ जान कर सीता जी ने दुःखों के ग्रहण से मुक्ति पायी। वहीं, जानकीजी ने अग्नि में प्रवेश किया। इससे माया से रची गई उनकी छायामूर्ति प्रचण्ड अग्नि में जल गए। सीताजी श्री रामचंद्रजी के वाम भाग में विराजित हुईं। देवता हर्षित होकर फूल बरसाने लगे। आकाश में डंके बजने लगे। किन्नर गाने लगे। विमानों पर चढ़ी अप्सराएँ नाचने लगीं। अपार शोभा देखकर रीछ-वानर हर्षित हो गए और रघुनाथजी की जय बोलने लगे। अब वापस अयोध्या लौटने का समय आ चुका था। प्रेमवश श्रीराम ने सबको विमान पर चढ़ा लिया। विमान उत्तर दिशा की ओर बढ़ चला। इधर भरत भी हर्षित होकर अयोध्यापुरी में आए और उन्होंने गुरुजी को सब समाचार सुनाया! फिर राजमहल में खबर जनाई कि श्री रघुनाथ कुशलपूर्वक नगर को आ रहे हैं। नगर निवासियों ने यह समाचार पाया, तो स्त्री-पुरुष सभी हर्षित होकर दौड़े।

(दृश्य परिवर्तन)

राम - देखो, वो बैकुंठ से भी अधिक सुन्दर अयोध्या नगरी है। अवध के निवासी मुझे बहुत ही प्रिय हैं। यह पुरी सुख की राशि और मेरे परमधाम को देने वाली है।

(मधुर संगीत और जयजयकार गूंजने लगती है। विमान नगर के समीप उतरा। भरत तो भूमि पर दंडवत हो गए। रामजी ने उन्हें उठाकर हृदय से लगा लिया। कमल के समान नेत्रों से जल बह रहा है।)

अंतरिक्ष - प्रभु को देखकर अयोध्यावासी हर्षित हुए। वियोग से उत्पन्न दुःख अब नष्ट हो गए। नगर में तैयारियां हुईं और विधि विधान से राजतिलक की तैयारी हुयी। ब्राह्मणों ने वेदमंत्रों का उच्चारण किया। उस समारोह का वर्णन देवताओं के लिए भी असंभव है जहाँ श्रीराम का राजतिलक हुआ। पहले मुनि वशिष्ठजी ने तिलक किया। फिर उन्होंने सब ब्राह्मणों को तिलक करने की आज्ञा दी। श्री हरि अयोध्या रुपी हमारे हृदय में राजा बन कर विराजमान हुए। सगुण और निर्गुण रूप! हे अनुपम रूप-लावण्ययुक्त! हे राजाओं के शिरोमणि! आपकी जय हो। आपने रावण आदि प्रचण्ड, प्रबल और दुष्ट निशाचरों को अपनी भुजाओं के बल से मार डाला। आपने मनुष्य अवतार लेकर संसार के भार को नष्ट करके अत्यंत कठोर दुःखों को भस्म कर दिया। हे दयालु! हे शरणागत की रक्षा करने वाले प्रभो! आपकी जय हो। मैं शक्ति सीताजी सहित शक्तिमान् आपको नमस्कार करता हूँ।

(मंगल गान जयजयकार के साथ ब्रह्माण्ड में
सनातन आलोक छा जाता है)